口絵1

山の手と下町が4つの段階を経て発展してきた
（本文26ページ参照）

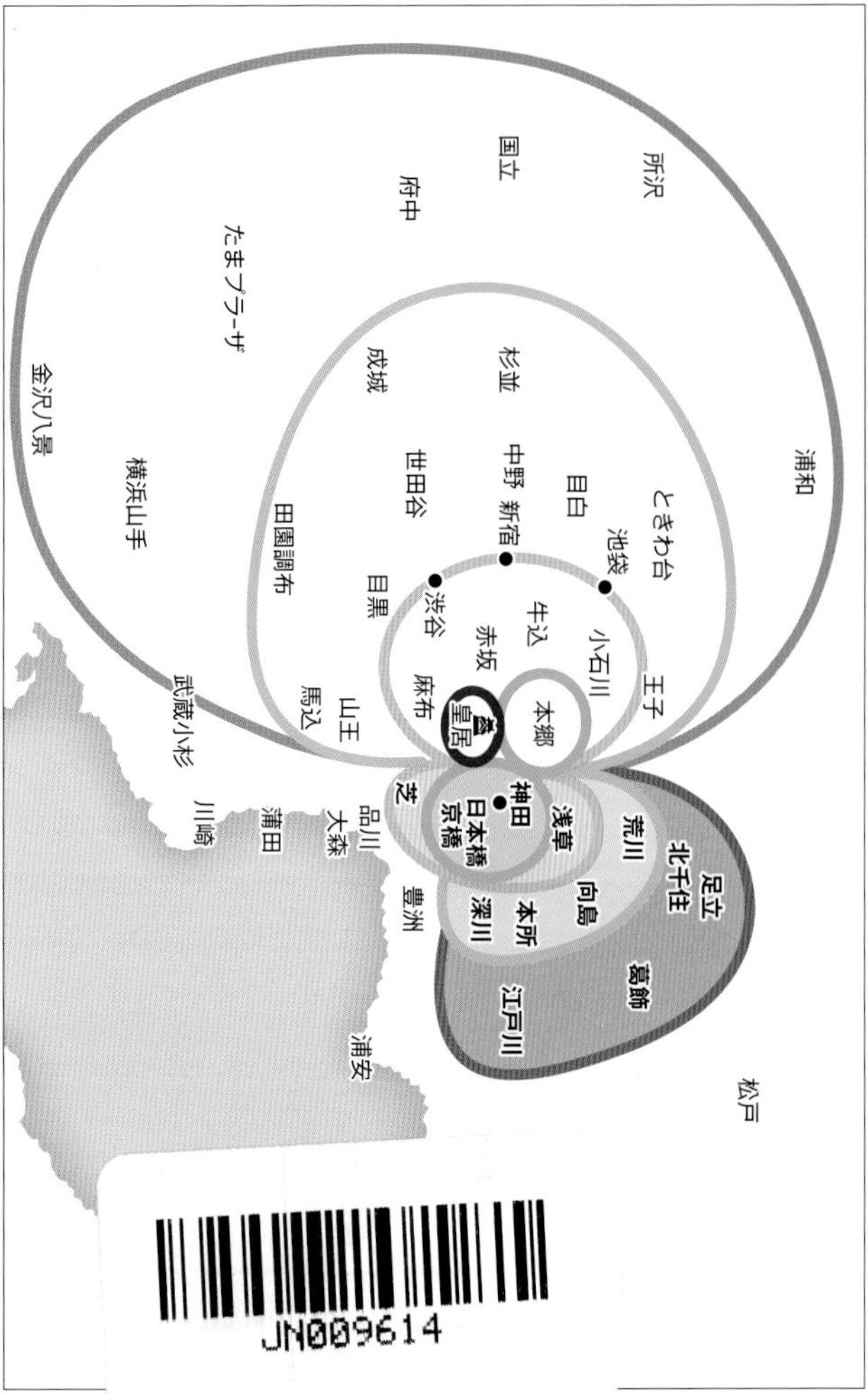

出所：三浦展

口絵2

東京の下町は工業地帯、山の手は住宅地と決められた（本文37ページ参照）

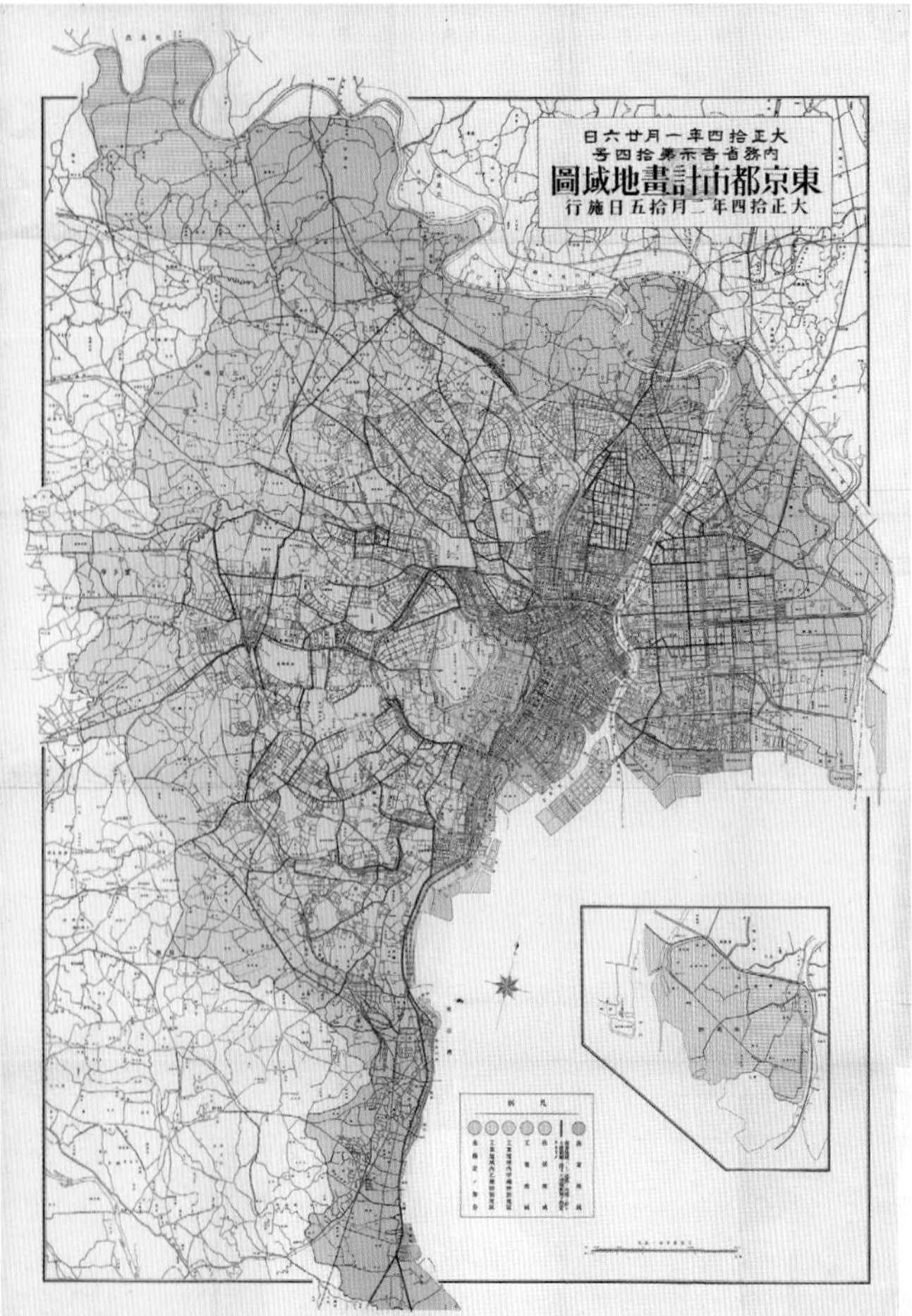

資料：公益財団法人 後藤・安田記念
東京都市研究所市政専門図書館所蔵
「東京都市計画地域図」（1925 年）

口絵3

下町の商売も浅草から墨田、荒川、葛飾などに郊外化していった（本文76ページ参照）

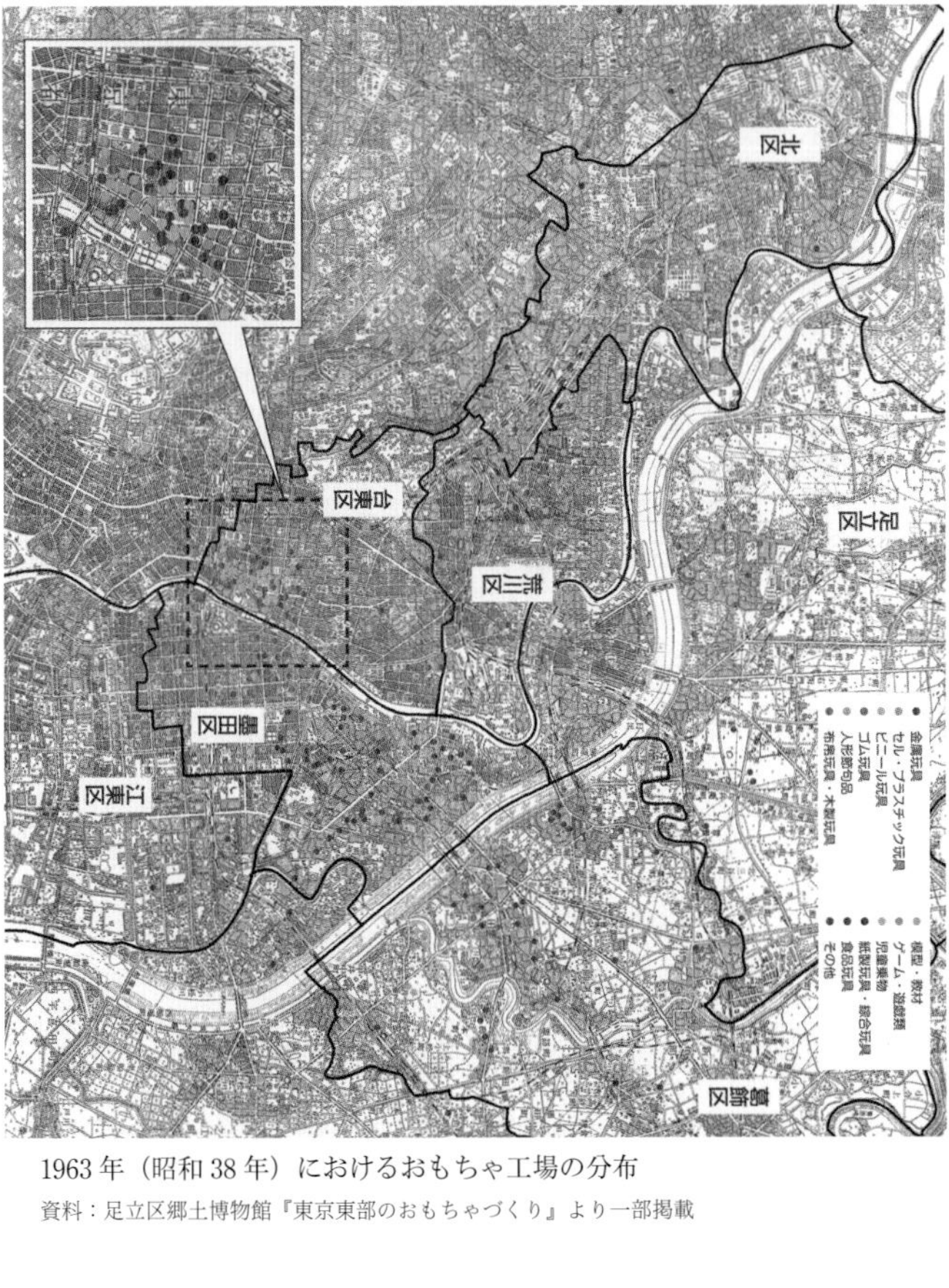

1963年（昭和38年）におけるおもちゃ工場の分布

資料：足立区郷土博物館『東京東部のおもちゃづくり』より一部掲載

口絵4

1915年（大正4年）の深川・城東（赤色が工場）
（本文143ページ参照）

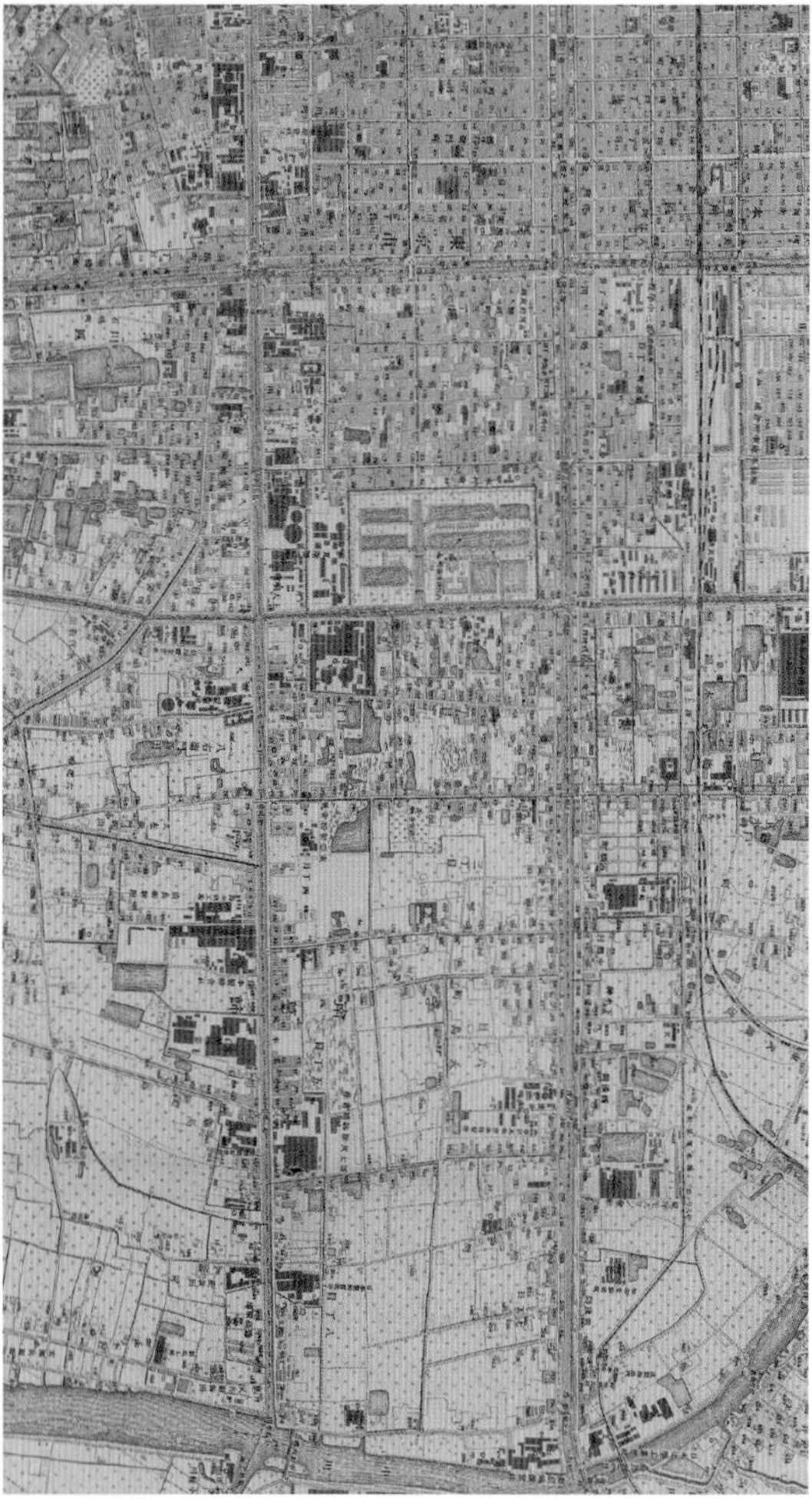

深川から大島方面。小名木川沿いに工場が並ぶ。左の水色は木場。
右の線路は総武線と東武亀戸線

資料：大日本帝国陸地測量部「一万分一地形図」（1918 年）

口絵5

向島は隅田川沿いの桜の名所として別荘地であったが次第に工業地帯となっていく（本文154ページ参照）

口絵6

下町の風景①

口絵7

下町の風景②

口絵8

下町の風景③

茶の君野園

洋装店
マミー

尾崎畳店
おでん
BAR

冷えた商品
出します
はんこ
¥105
シャチハタ
ネーム印
半額
¥760

下町はなぜ人を惹きつけるのか？

「懐かしさ」の正体

三浦展

光文社新書

まえがき――郊外としての下町

１９７２年９月５日号の『an・an《アンアン》』に「とじこみ大特集　東京の下町」という記事がある。対象となるのは築地、深川《ふかがわ》、入谷、日暮里、谷中《やなか》、柴又など。読者が自分の住む町、通う町を紹介している記事なのだが、そういう記事が、高田賢三《けんぞう》、三宅一生《いっせい》、山本寛斎《かんさい》らの有名デザイナーや、原宿、青山、六本木、渋谷などのブティック紹介記事やヨーロッパ汽車の旅の記事などと一緒に並んでいる。下町があたかも観光の対象のような時代になったことが重要である。

『non-no』の記事。下町は西洋化したライフスタイルを持つ日本人からエキゾチックな存在として再認識された

またそのほぼ1年前、『non-no《ノンノ》』1971年の7月5日号、なんと創刊第2号では、「ポップな街『浅草』探検」という記事がある。カラーグラビア記事であり、モデルが流行のホットパンツ（ショートパンツ）をはいて、太ももも露《あら》わに浅草の御輿《みこし》を担ぐ若い衆に肩車をされている。たしかに今でも祭り、御輿、はっぴ、鉢巻きといったアイテムは下町のアイコンである。

そして『non-no』のテキストにはこう書かれている。

「いま東京でいちばんポップでたのしい街!!　浅草のこと、すぐ庶民的だの斜陽だのって言うけど、そう言う人ってセンスないんだなァ。新宿や六本木に飽きた人なんか絶対うれしがっちゃう新鮮さとフシギさと独特の美意識がやたらころがっているんですよ。（中略）今ふうになろう、西洋っぽくしようなんてアセってないもん。」

「日本的ないいものはたくさんあって…その中にロンドンに負けないポップなものがあるんですよ。ポップを意識してポップになったのではない、ほんもののポップですね。浅草はもともとポップの元祖なんじゃない？」

「今の女の子っていろんな面で西洋人ふうだから、いっそ西洋人になったキモチでじっくり見て歩くと、思いもかけないアクセサリイやリビングの小道具なんか…見つけられるよ。」

（傍線筆者）という具合だ。

こういう記事が先ほどの『an・an』同様、南スペイン旅行、石坂浩二と浅丘ルリ子のヨーロッパの旅（当時２人は夫婦）、人気フランス俳優のパリの自宅などのカラーグラビア記事と一緒くたに載っている。つまり、西洋への憧れと下町評価とが並んでいるのである。

西洋に強く憧れる日本人、どんどん西洋的な生活になっていく日本人が、だからこそ下町の面白さを発見する形になっている。

このように見ると、１９７０年代に入り、下町は〈発見〉されたのだとわかる。それは都心の近代的オフィス街化、郊外住宅地を中心とする生活様式の西洋化などが進むことにより、近代的でも西洋的でもない、伝統的で日本的なものとして下町が珍しがられる時代が始まったということである。

言い換えると下町は地方・田舎と同様に「近代」や「西洋」のない（少ない）、その意味で「遅れた」場所というイメージで語られるようになった。あるいは「江戸の象徴」として見いだされたのである。

実際は日本橋にも神田にも浅草にも近代化はあったし、むしろ娯楽や商業では近代化をリードした。また、今は下町風でも、江戸時代は単なる農村だった地域もある。
だが、70年代以降、下町というものは、具体的にどこの町がそうだということとはあまり関係なく、なんとなく祭りがあって、威勢《いせい》のいい（ヤンキーな）人々がいて、気さくで人情味があって、江戸情緒が残る地域としてイメージされるようになったのだ。

以来現在に至るまで、世は下町再評価の時代である。現在はおそらくそのピークであろう。

他方、山の手への関心は薄まっている。

なぜか。バブル時代までとは異なり、現在、人々にとって未来は不安であり、経済的観点からも環境的観点からも、物質的な豊かさの追求には関心を持てない。人々は新しい物を次々と使い捨てていく消費社会には疑問を抱いている。また単身者が増え、高齢者が増えていく中で、むしろ人間同士のつながり、付き合いに人々の関心が向かっている。

あるいはITだAIだ5Gだ8Kだという最新技術の果てしない発展の中で、バーチャルではない直接的な顔の見える人間関係を求める人が増えた。また機械ではなく人間にしかできない創意工夫や、職人的手仕事を見直す人が増え、身体性のある官能的なものや場所を求める人が増えている（ますます増えていく）のではないだろうか。

そういう時代の中で、下町的な場所が人々を、特に若い世代をますます惹きつけているように思う。

以上のことは前著『首都圏大予測』の「結」にも書いたので、そちらもお読みの読者は戸惑われたかもしれない。この文章は、本書の元になっているネットメディアのHOME'S PRESSに下町関連記事を連載開始した時に書いたものである。連載は当初から本にまとめるつもりだったのだが、首都圏の地域マーケティング的にも下町は今注目株であるため『首都圏大予測』にもその文章を使った。担当編集者の高橋君がその文章を気に入り、本書にもその視点を入れたいと言われたため、冒頭に載せることにしたのである。

これから見るように、ごく簡単にレトロとか人情味といったようにイメージされがちな東京の下町は、実は地域的にも時代的にも多様な発展の仕方をしてきた。それぞれの下町が、何かを契機《けいき》として、いつからか下町になり、人々を集め、近代化の中でそれぞれの役割を果たしてきたのである。そうした、多様な下町の歴史を一冊にまとめて概観《がいかん》できるのが本書の特徴である。

そのかわりすでに文献が無数にある日本橋、銀座、浅草については本書はあまり扱わない。それらの大繁華街やオフィス街となった下町よりも、あくまで庶民が働き、暮らす下町に焦点を当てたかったからである。

また下町の歴史というのはしばしば祭や職人や工場建設の歴史として書かれるのだが、本書はできるだけ住まいや商業・娯楽機能の開発の歴史について書くようにした。下町もまた山の手と同様に鉄道敷設などに伴う郊外農村部の発展という歴史を持っているからである。

「下町」はなぜ人を惹きつけるのか？

目次

Ⅰ・第一下町　～日本橋・神田・京橋～

Ⅱ・第二下町　～浅草・下谷・芝～

・本書は株式会社ライフルの「HOME'SPRESS」に２０１８年より連載した内容に、大幅に加筆修正を施したものである。

・本書に掲載されている写真で特記のないものは著者撮影。

序章

東京の下町には4つの段階がある

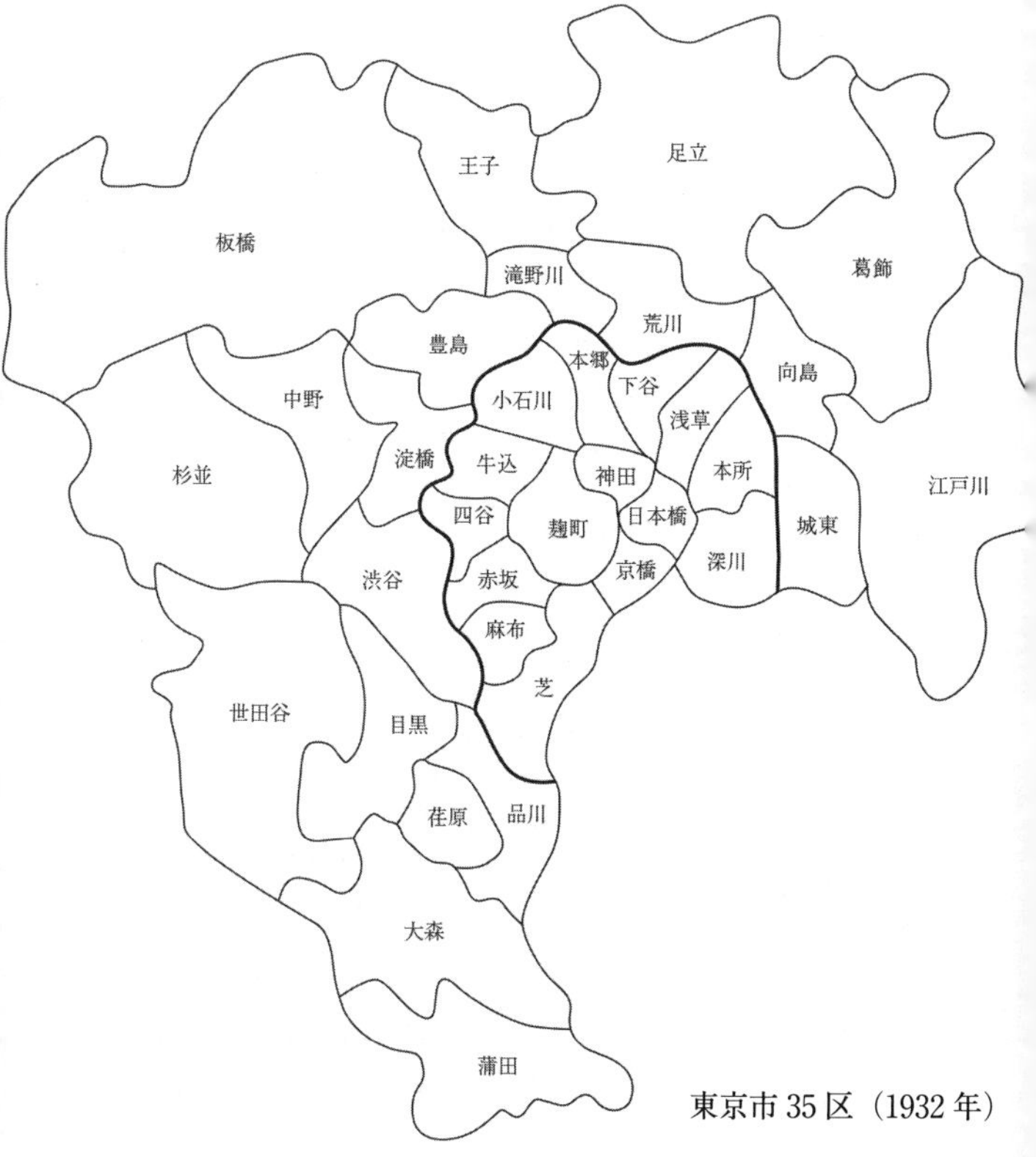

東京市35区（1932年）

●東京の下町はどこか

東京の下町はどこかと聞かれると、あなたはどこを思い浮かべるだろう。浅草、門前仲町《もんぜんなかちょう》、両国、錦糸町《きんしちょう》、葛飾柴又、あるいは足立区と答える人もいるだろう。ネットで検索すると浅草と柴又がたくさん出てくる。だが浅草や柴又は本来門前町であり下町と言えるのかは疑問である。先日あるところで下町について講演をした時に聴衆にたずねると、下町と言われてイメージするのは墨田区と答える人も多かった。事程左様《ことほどさよう》に、下町という言葉から浮かぶ街はさまざまだ。

いずれにしろ、それらの地域は最初から下町（下町的）だったわけではない。そこでまず、人口の増え方の特徴から見ると東京の下町は次のように４段階に分けることができる。この考え方は１９９０年の『アクロス』誌上で最初に提案したものだ。

第一下町……江戸以来の下町。１９２０年以前が人口最大。旧区名で日本橋、神田、京橋《きょうばし》。なお京橋区のうち月島は第１章（Ⅰ）で述べるように発展時期が大正期以降であり、京橋区に編入されるのが１９３０年のため、やや第二下町的な人口の動きをとる。

第二下町……明治・大正以降の下町。１９２３年の関東大震災前に人口が急増したが震災後は減少、その後少し増えて１９４０年が人口最大。旧区名で浅草、下《した》谷《や》、芝（芝浦側）、本所《ほんじょ》、深川が属する。ただし本所、深川は地理的に隅田川の東であり、近代の工場地帯として区全体が発展した特徴があるので本書では荒川区などと共に第三下町として第３章（Ⅲ）で扱う。

第三下町……昭和以降（関東大震災以降）の下町。旧東京市15区の外側。震災前から人口増加したが震災後に人口が減らず、むしろ急増し１９４０年が人口最大である。１９３２年に区となった荒川区、向島《むこうじま》区が相当する。

第四下町……戦後の下町。震災後人口が急増し、第二次大戦後も人口増加。１９３２年に区となった城東、王子、江戸川、葛飾、足立の各区。ただし区全体というより、いくつかの街が下町的になったと言ったほうがよいかもしれない。

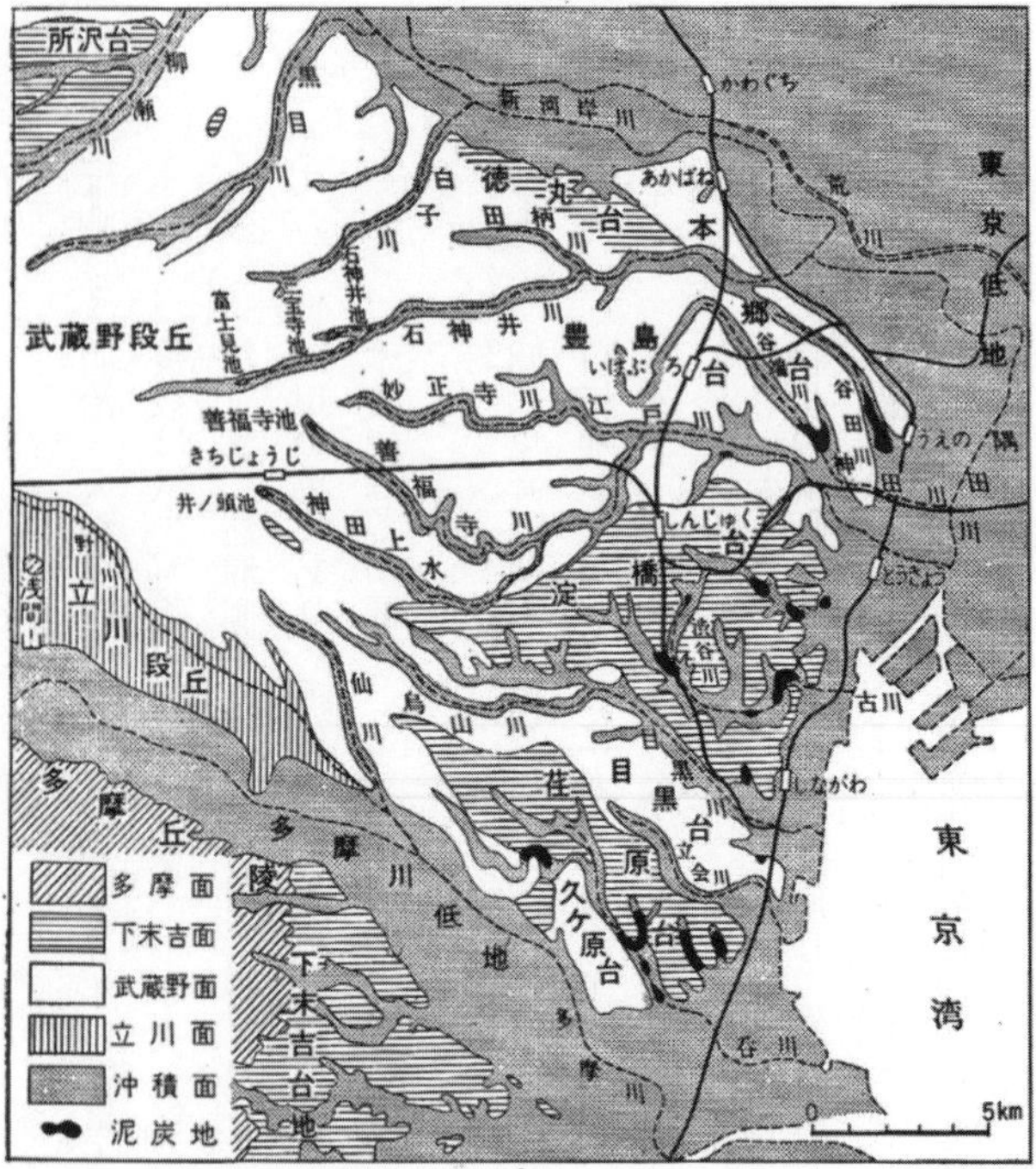

東京の地形（出所：『日本地誌　東京都』）

第一下町の時代において、第二下町はまだ郊外の農村、漁村であり、あるいは場末《ばすえ》である。次に第二下町ができはじめた時代は、第三下町はまだ郊外であり、場末である。さらに第三下町ができはじめた時代は、第四下町はまだ郊外であり、場末である。というように人口の増加によって次第に東京が外縁部に拡大し、山の手の住宅地は東京の西側、南側に拡大したのに対して、下町は東京の東側、北側に移動、拡大してきた。

また第一下町が次第に近代都市化、オフィス街化することにより、昔からの下町らしさを弱めていくのと対照的に、下町らしさを求める懐古《かいこ》的なまなざしが第二下町へと移動し、さらに第二下町が震災や戦災を機に破壊されると、さらに第三下町へというように、視点を移動させてきたとも言える。

もちろん、人口総数だけで下町の移動を語っていいわけではなく、工業、商業、職人、雑業などの産業別、職業別人口の推移を見るべきだ。本書ではそこを深く追究する時間がなかったが、貧民たちの移動については、都心部の近代化、建物の不燃化、地価上昇などにより余儀《よぎ》なくして都心から追い出されていく過程に触れておいた。

また第四下町の人口増加については、戦後は公団住宅などの団地が増えたことも大きな理由であり、長屋《ながや》が増えたとか商工混在の下町らしい街が増えたとは言い難《がた》いが、職業的には工場労働者などブルーカラーが戦後も多く住んだことは間違いなく、その点では下町らしさを継承していたと言えるだろう。

それからもちろん、東京の地形は入り組み、それぞれの町の歴史も多様なので、小石川区、滝野川区、板橋区、豊島区、品川区、大森区、蒲田《かまた》区などにも下町的な地域はたくさんあり、もっと西側郊外部にもあるが、本書では原則として23区内の東側郊外（東郊）を中心に取り上げた。

●人口の動向

次に、人口についてもう少し詳しく見てみる（図表0‐1）。１９００年には、第一下町である日本橋区、神田区だけで27万人の人口がいた。これに京橋区を合わせると42万人。大都市である。

しかしこの３区の人口は、１９２０年になっても42万人と横ばいである。これらは江戸の下町としてすでに完成されており、その後は成長しなかったのである。

対して１９００年から20年に人口が増えたのは、東京の東側では下谷区、浅草区、芝区、本所区、深川区の４区であり、人口増加率は３～５割台である。これが第二下町である（下

図表０－１　下町人口の推移（1900-1940年）

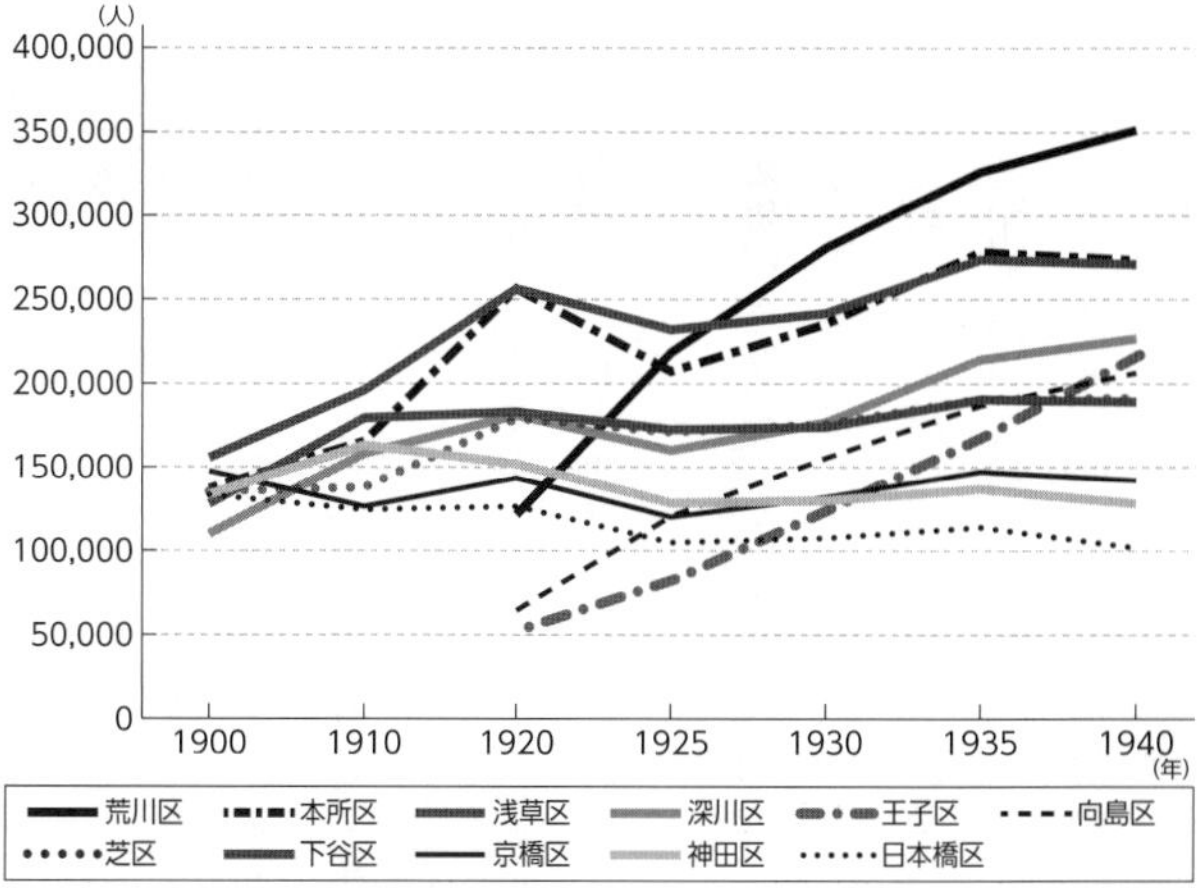

資料：東京都ホームページ資料より三浦展作成

図表０－２　下町の人口増加率

	1920～25年	1925～30年	1930～35年	1935～40年
日本橋区	83%	103%	106%	89%
京橋区	84%	110%	112%	97%
神田区	85%	101%	105%	94%
芝区	96%	102%	109%	100%
下谷区	94%	101%	110%	99%
浅草区	91%	104%	113%	99%
本所区	81%	114%	118%	98%
深川区	88%	110%	121%	106%
荒川区	180%	128%	116%	108%
向島区	187%	129%	120%	111%
城東区	155%	126%	120%	112%
王子区	157%	150%	135%	129%
板橋区	152%	139%	133%	155%
足立区	147%	143%	137%	132%
葛飾区	179%	171%	125%	145%
江戸川区	164%	150%	133%	137%

資料：東京都ホームページ資料より三浦展作成

谷区、芝区は地形的に山の手の台地も含むが）。

ところが、これらの第二下町も１９２５年には人口が減る（図表０‐２）。主に23年の関東大震災が原因である。もちろん第一下町の神田、日本橋、京橋も減少。第二下町の人口は、その後復興により持ち直すが、１９２５～35年の増加率は１割前後にとどまっている。

対して人口が激増したのが、１９３２年の東京35区制度によって東京市に編入された品川区（特に旧・荏原《えばら》区）、杉並区などの西側台地地域と、東側の低地の６区。つまり荒川区、向島区（墨田区の北半分）、城東区（江東《こうとう》区の東半分）、足立区、江戸川区、葛飾区だ。６区全体で７割近く人口が増えている。

●関東大震災後に激増した周辺の村の人口

また１９２０～30年の町村別人口増加率で見ると、荏原区（現・品川区）の平塚村が15倍以上、現・杉並区の杉並村が14倍と激増しており、西側の郊外の増加が激しい。しかし東側も、現・荒川区の尾久が10倍近く、現・江戸川区の小松川、現・葛飾区の本田が５倍弱、現・足立区の南綾瀬、西新井、現・荒川区の三河島が４倍前後と、その他、小岩、梅島、金町、砂町が３割前後増えていることがわかる。

だが、**図表０-３**にある１９２５～40年の35区別の人口増加率を見ると、荒川、向島、城東はすでに伸びが鈍《どん》化している。そのためこの３区は第三下町と言えるのである。対して、足立、江戸川、葛飾の人口はその後、戦後も増え続けた。だからこれら３区は第四下町である。このように東京の下町には４つの段階があるのだ。

●山の手と下町の格差拡大

また、ここで重要なのは下町と山の手の人口の推移である。**図表０-４**を見ると下町、特に第二～第三下町の震災や戦争の被害の大きさと、それに伴い下町が田園地帯から工場地帯に変貌《へんぼう》したことがよくわかる。つまり、下町がつくられたのだ！

通常、震災や戦災の影響というと、山の手の住宅地の形成に対して大きな契機となったことが言われる。関東大震災のあった１９２３年は田園調布の分譲開始の年であるということは実に象徴的である。震災のために、下町が壊滅し、もう下町には住めないぞという気運が高まり、山の手、西郊への人口移動が加速したのである。下町中心でのコレラの流行も一因である。

千代田区を除いた区のうち、山の手（港、文京、品川、渋谷、大田、目黒、世田谷、中野、

図表0−3　東京35区人口の推移（1900-1940年）

	明治33年(1900年)	明治43年(1910年)	大正9年(1920年)	大正14年(1925年)	昭和5年(1930年)	昭和10年(1935年)	昭和15年(1940年)
麹町区	62,777	53,330	65,692	51,878	58,711	60,327	58,521
神田区	133,399	163,223	151,990	128,529	129,976	136,906	128,178
日本橋区	133,222	124,292	126,415	105,002	107,645	113,871	101,777
京橋区	147,595	126,323	143,397	120,159	131,888	147,334	142,269
芝区	135,355	137,797	179,213	171,233	175,760	190,776	191,445
麻布区	55,520	71,379	88,558	86,361	86,493	87,857	89,163
赤坂区	50,727	47,994	62,232	56,053	60,234	58,700	55,704
四谷区	41,900	48,062	70,217	74,831	75,021	76,321	76,440
牛込区	54,905	114,549	126,282	126,795	129,132	130,340	128,888
小石川区	59,403	111,371	146,507	152,373	151,493	147,135	154,655
本郷区	92,286	107,990	135,573	135,044	136,749	141,215	146,146
下谷区	127,834	179,396	183,186	172,674	173,977	190,524	189,191
浅草区	155,669	195,943	256,410	232,055	241,695	273,693	271,063
本所区	136,990	165,492	256,269	207,074	235,324	278,194	273,407
深川区	109,961	158,143	181,259	160,271	176,815	214,175	226,754
旧市域	1,497,543	1,805,284	2,173,201	1,995,567	2,070,913	2,247,368	2,233,601
品川区			112,555	160,191	179,496	204,262	231,303
目黒区			22,287	63,019	108,208	152,187	198,795
荏原区			8,522	72,256	132,108	161,863	188,100
大森区			49,908	94,452	147,335	201,425	278,985
蒲田区			28,614	57,553	98,122	147,516	252,799
世田谷区			39,952	87,965	149,323	210,701	281,804
渋谷区			137,207	190,774	213,533	234,850	256,706
淀橋区			93,899	134,499	153,502	169,187	189,152
中野区			29,198	85,294	134,098	178,383	214,117
杉並区			18,099	65,981	134,529	190,217	245,435
豊島区			109,803	198,075	236,701	268,015	312,209
滝野川区			40,689	82,252	100,746	114,514	130,705
荒川区			121,412	218,428	280,616	326,210	351,281
王子区			54,040	84,611	126,673	171,047	220,304
板橋区			53,482	81,476	113,586	150,868	233,115
足立区			60,780	89,226	127,507	174,612	231,246
向島区			64,426	120,462	155,519	186,698	206,402
城東区			73,065	113,087	142,971	171,047	192,400
葛飾区			27,661	49,415	84,456	105,682	153,041
江戸川区			39,386	64,530	96,971	129,230	177,304
新市域			1,184,985	2,113,546	2,916,000	3,648,514	4,545,203
新旧合計			3,358,186	4,109,113	4,986,913	5,895,882	6,778,804

出所：東京都ホームページ

図表0−4　東京都市部の第一～第四下町と山の手の人口推移

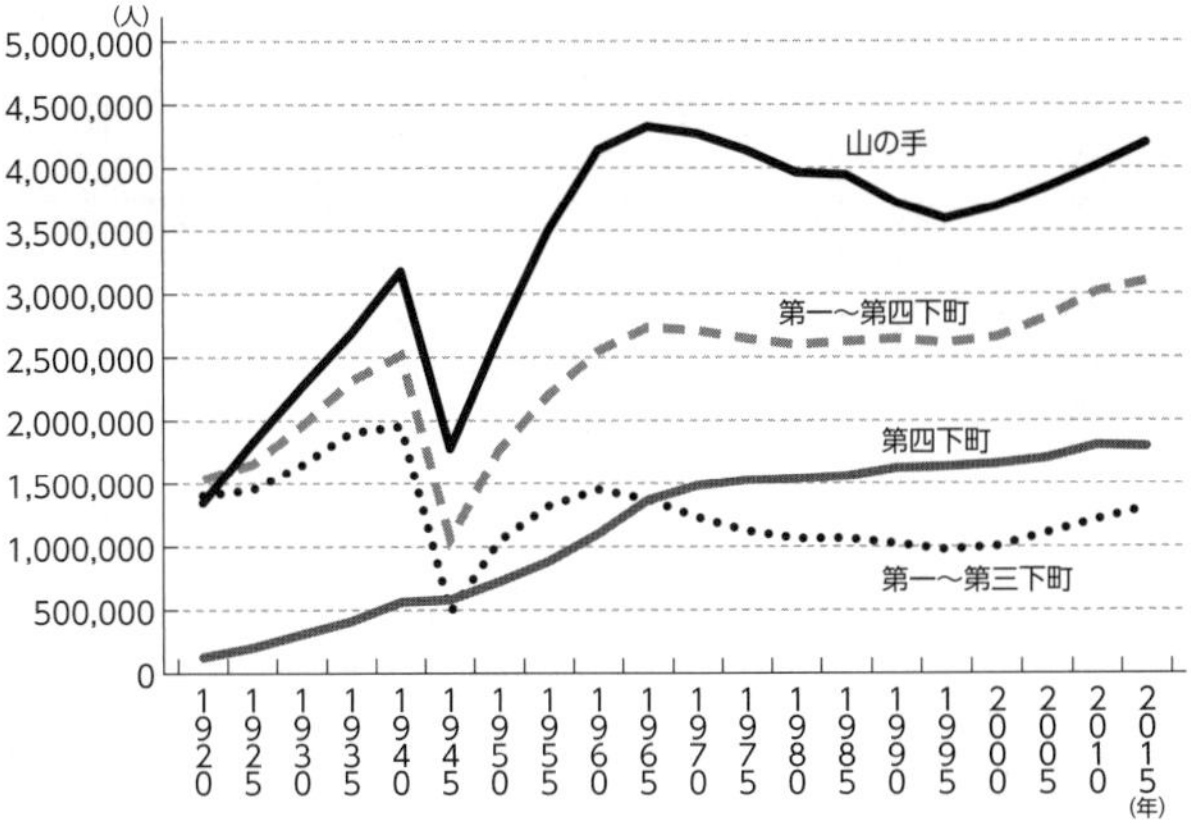

資料：総務省「国勢調査」より三浦展作成

杉並）と第一～第四下町（中央区、台東区、江東区、墨田区、荒川区、足立区、葛飾区、江戸川区）の人口を比較すると、１９２０年はほぼ同じである。

しかし震災によって山の手の人口が増え、さらに戦争によって第一～第四下町の人口は半減するのに対して、山の手は四割減ほどにとどまる。特に第一～第三下町に限ると、人口は戦争によって４分の１に減り、その後回復するものの、戦前には届かない。対して山の手は、戦後は戦前より３割ほど増えている。いかに震災と戦争が下町に被害をもたらしたかが明瞭《めいりょう》である。

だが、１９６０年代をピークに山の手の人口は減少する。団塊《だんかい》世代前後の世代が結婚、出産を機に郊外への流出を始めたからである。この減少傾向は１９９５年まで続く。他方、下町の人口は、第一～第三下町は減少し続けたが、第四下町はゆるやかだが順調に人口を増やし続け第一～第三下町を追い抜く。ＵＲなどの集合住宅が多数建設されたからである。結果、山の手と下町の人口の差は縮小することになった。

さらに１９９５年以降は、山の手も下町も同じような速度で人口増加を始める。人口のいわゆる都心回帰が起こったからである。ただし第四下町の人口の伸び方にあまり変化はなく、第一～第三下町では人口増加傾向が顕著《けんちょ》である。リバーフロントの工場や倉庫の跡地にタワーマンションなどがたくさん建設されたためである。

話を戦前に戻すと、震災後は、山の手ほどではないが日本橋区、京橋区以外の下町の人口は増えている。ただし、下町は住宅地化したのではない。工業地帯化したのである。だが、工場に遠くから通勤する人が増えたのではない。職住が近接あるいは一致していた。歩いて行けるくらいの距離の中で職場と住居が併設された。

●都市計画と社会政策

以上のような東京の人口移動を考える上で重要なのは、１９１９年に制定された旧都市計画法である。これにより東京は地域ごとに、商業、工業、住宅などと用途地域指定された。

簡単に言えば、東京の都心は業務地・商業地、東半分と湾岸・荒川沿いは工業地、西半分は住宅地と指定された。この東京都市計画区域内の用途地域については、１９２３年８月に「山の手の住居地域」「下町の商業地域」「江東の工業地域」の指定案がまとまり、認可を受けるばかりとなっていた（ここでいう「江東」は隅田川の東の意味）。

ところが、９月の関東大震災により市街地が壊滅的打撃を受けたうえ、街路・運河の新設計画等が新たに決定。そのため地域指定案を見直す必要が生まれ、隅田川、荒川全域が工業用地と指定されて、内閣で認可された（口絵２）。

ここでいう「下町の商業地域」は日本橋、京橋、神田、浅草、下谷区を指し、本所、深川などは下町と呼ばれていない。あくまで工業地域である。下町ではないということは、人が住む場所という位置づけではないとも言える。

こうして同じ郊外でも西側山の手は中流ホワイトカラーが多く、東側下町は工場、倉庫などで働く労働者階級が多い、という近代東京の構造が固まった。それまでの東京の下町には、異なる階級が混在して住んでいた面もあったが、20世紀になって、階級に基づく居住地の分離が進んだのである。

したがって１９４０年度の東京市の工場労働者数74万６５４９人を35区別にみると、蒲田区が最多で７万４７２０人だから、東京市全体の約1割。次いで品川区5万８６４４人、城東区４万７６４３人、荒川区４万４１３１人、本所区４万３６８０人、足立区３万６０７２人、向島区３万５７６９人、芝区３万５４６４人、大森区３万４２７６人。明らかに東側と湾岸で多い。

対して西側台地の赤坂区は２０００人、四谷区は２９８２人、麹町《こうじまち》区は５２２６人、郊外でも中野区は６２１１人、世田谷区は８２５７人、杉並区は８４９２人にすぎない。

また、都市計画法が施行された１９１９年は、東京府に社会課が設置された年でもある。近代的な都市作りをするために、ハード面では都市計画法ができ（国土交通省的施策）、ソフト面では社会課により心身に障害を抱えた人々の雇用を促進する授産《じゅさん》事業などの厚生労働省的施策が行われたのだ。

共同食堂、共同浴場、府営住宅などがつくられ、不良住宅地区（下層の人々が暮らすエリア）の改善が行われた。内務省によって１９２４年に設立された財団法人同潤《どうじゅん》会も不良住宅地改良、鉄筋コンクリートのアパート建設、木造の近代的2階建て長屋や分譲一戸建て住宅の建設などを本所、深川、城東、葛飾、足立、江戸川の各地で行った。

●人口の男女比

話が少し横道にそれるが、江戸、東京のような大都市の人口は基本的には男性が多い。特に都市建設の初期は肉体労働が必要なので、男性が多い。齋藤修『商家の世界　裏店の世界』によれば、１７４３年の江戸では男性人口が女性の１・71倍だったという。これが１８３２年には１・２倍となり、幕末の１８５５年には１・05倍となった。

１８４３年から１８５５年までに男性の人口は60万人減少し、女性の人口は60万人増加したのである。社会が成熟する過程で、女性が都市に多く転入するようになった結果であろう。ところが明治になるとまた、新都市建設の時代になるから男性が増える。１８９９年の東京市では男性の人口が75万３０００人に対して女性は62万２０００人である。男性が２割ほど多い。

特に日本橋では男性８万１３３７人に対して女性６万６２５人。芝区も男性７万７４０８人、女性５万８２４８人であり、３割以上男性が多かった。

かつ、これは東京に本籍を置く人口と、流入してきたばかりの「寄留《きりゅう》」人口の合計である（寄留とは本籍地以外の場所に住むこと）。寄留に限ると、東京市は男性が33万８０００

人、女性が22万５０００人であり、男性が５割ほど多い。新都市建設の時代にはまず男性が都市に流入してくることがわかる。

●寅さん、時間ですよ、ディスカバー・ジャパン

このように見てくると、下町と一口に言っても、歴史的経緯はさまざまである。葛飾柴又も足立区もひっくるめて下町と言われるようになったのは比較的最近のことだとわかるだろう。１９６９年にフーテンの寅さんの映画『男はつらいよ』が封切られ、１９８０年頃に漫才コンビ、ツービートのビートたけしが足立区の下町のペンキ屋の息子であることをネタにしたことが、葛飾区や足立区を下町だと広く一般の人々に思わせたのである。それまでそれらの地域が下町だと言われていたか、あるいは住民自身がその地域を下町だと思っていたかは疑わしい。

もうひとつ下町に関して、私は思い出すテレビドラマがある。銭湯を舞台にした『時間ですよ』である。『男はつらいよ』映画版と同じ１９７０年に放映開始、74年の『時間ですよ昭和元年』まで何度もシリーズとして放映され視聴率30％台を稼いだ。

シリーズの後期ではテーマ曲に歌詞がつき、「東京下町あたり」という言葉が出てくる。

『時間ですよ』の舞台は谷中である。山口百恵が母親と通った「柏湯」がモデルだと言われる。１９９３年から銭湯の建築を活かしたギャラリー、「スカイザバスハウス」になっているところだ。

　実際にそこに行ってみるとわかるが、地形的には下町ではない。丘の上である。ただ谷中は、上野寛永寺《かんえいじ》とつながり、戦災をあまり受けなかったために江戸情緒が残り、日暮里駅から下る夕焼けだんだんの商店街もまた昭和を感じさせる。そのため、何となく下町と言われているのである。

　だが重要なのは地形的なことだけでなく、舞台が銭湯だった点だ。今われわれが思い浮かべるお寺のような外観の銭湯は、大正時代につくられはじめたものだ。戦後も人口増加に対応して、たくさんつくられた。大正から昭和、戦後にかけて、東京に流入してくる人々は若く、貧しい、風呂のある住宅に住めない人々だったからである。

　東京の銭湯数のピークは１９６８年である。68年は東京23区の人口がピークだった年でもある。つまり銭湯はまさに東京の人口拡大と共に増加し、人口の減少とともに衰退が始まった業種なのだ。

　そして、江戸東京の庶民生活の象徴のひとつである銭湯が減り始めたことによって、一般的な東京の生活者にとって、東京の下町がノスタルジーの対象になりはじめたのだと私は考える。

1970年には旧国鉄の「ディスカバー・ジャパン」というキャンペーンが始まった。それまで日本の自然を破壊して工場をつくり国家を近代化してきたことへの反省が芽生《めば》え始めた時代だった。冒頭で見たように『an・an』『non-no』がその頃創刊され、それらを読む女性たちが「アンノン族」と呼ばれて、京都、鎌倉、金沢、倉敷、津和野《つわの》などの日本の伝統が感じられる地方に旅するようになった時代である。

下町は、実態として存在する町からノスタルジーの対象としての町になったのだ。

●下町は1970年に再定義された

もちろん永井荷風《かふう》は煉瓦《れんが》づくりの東京駅を嫌い、震災後の東京には江戸情緒が消えたと言って玉の井通いを始め、戦後、市川に移り住んでからは過ぎし日の東京を思い出した。銀座の煉瓦街ができると、もう僕の銀座はないと嘆《なげ》いた人もいたという。日本橋の上に高速道路ができて、もう日本橋は終わったと思った人もいただろう。

そういう本当の江戸東京人は別格として、大正、昭和、戦後にかけて東京に流入してきた

図表0－5　下町、山の手、職人に関する本の発行年別点数

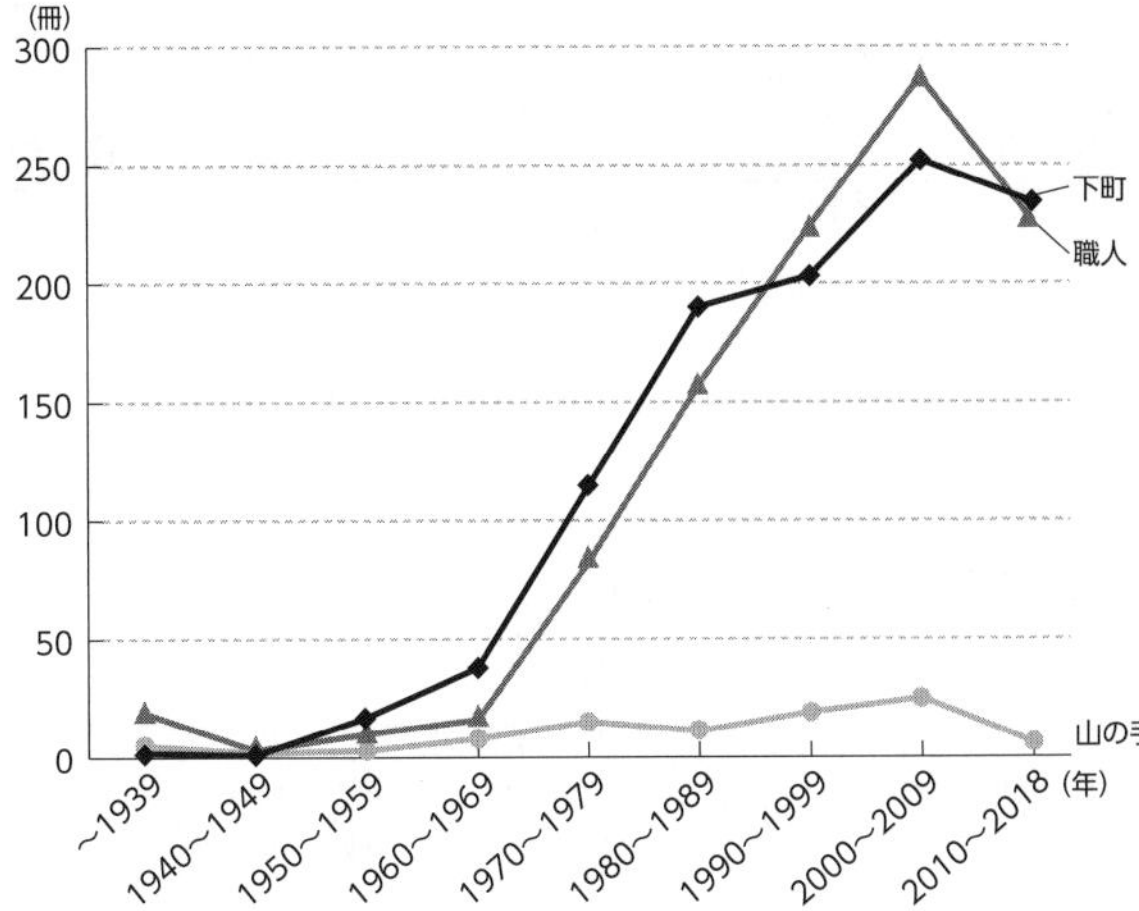

資料：東京都立図書館データベースから三浦展作成

一般的な人々であっても、近代化以前の東京の、特に下町がノスタルジーの対象になる。そういう時代が１９７０年前後に始まったのだと思う。

１９７０年代以降の下町ブームを証明するものとして、試しに下町関連の図書を東京都立図書館データベースで検索すると、**図表０‐５**のようになった。やはり70年代から急増し、80年代は伸びが鈍化するが、90年代からまた増えて２０００年代にピークに達する。職人関連の本も下町関連と同じように増えている。山の手の本は横ばいなのに、下町や職人関連の本が増えているのだ。

あるいはこんな動きもある。東京藝術大学建築学科出身の３人からなる集団コンペイトウは、１９６９年から71年にかけてアメ横の研究、考現学を行った。ノスタルジーというわけではないが、近代的な都市計画の限界が叫ばれた当時において、都市を計画論ではなく、生きている人々の視点からとらえようとした試みであった。そういう意図を持って都市に立ち向かったとき、近代的都市の典型とは対極にある下町の猥雑《わいざつ》な商店街が選ばれたのだ。

また建築家の望月照彦は１９７０年から『都市住宅』に屋台研究を連載し、屋台のみならず、露店、飲み屋街などをフィールドワークし、75年には浅草、佃《つくだ》、月島を研究対象とした。「社会階層の序列としては、下位なものとしてその位置付けを与えられた下町」は「人間の生活パターンとリズムの多くを内含することによって、都市全体の構造にお」いては「圧倒的に優位性を持ち続けて」いる、「下町の存在しない都市は滅亡する。下町の優位性を継続的に保持し得ない都市は衰退する。これは明確な歴史的事実である」と主張した（『マチノロジー　街の文化学』）。

このように考えると、下町は１９７０年前後に「発見」（ディスカバー・下町！）された、あるいは再定義されたと言えるのではないだろうか。築地（第一下町）も深川（第二下町）も柴又（第四下町）も同様に「下町」とひとくくりにされ、原宿、青山、六本木、渋谷のような最先端の地域とは異なる文化を持った江戸情緒が残る地域として、あるいは人間が生きている場所として認知され、定義され、しばしば珍重《ちんちょう》され、愛される。そういう時代が始まったのである。

●郷土としての下町

実は大正時代に同じようなことが起きている。「郷土」という言葉が重視されたのだ。今は当たり前に使う郷土という言葉であるが、この言葉が重視されたのは明治以降の近代化がひとしきり進んだ１９１０年代のことである（鷲田清一編著『大正＝歴史の踊り場とは何か　現代の起点を探る』）。

「明治維新以来ほぼ半世紀を経て、急速に失われつつある『郷土』に関心が高まった一九一〇年代、各地で郷土誌の編纂が進められた。ひたすらに『外』を見て追い続けてきた歩みに対して、いったん立ち止まり、自らの『内』にあるものの足下を見つめ直すこと」が求められた。

「しかし、郷土史誌の多くは、郷土の偉人や遺跡そして珍奇な事件などに郷土の誇りを顕彰しようとするものであった。こうした郷土研究に対し、新渡戸（稲造）の地方学に触発された柳田国男は一九〇七年ごろから石黒忠篤（後に農林大臣）・小田内通敏（地理研究者、一九二六年に人文地理学会を創立）、牧口常三郎（地理教育者、後に創価学会を創設）らをメンバーとして『郷土研究会』という名の集まりを催し、全国の辺地を歩いてきたメンバーの見聞談をもとに議論を重ねるようになっていた。

「メンバーのなかで新渡戸と親交があった小田内通敏の仲介によって、新渡戸邸で開催されるようになったのが『郷土型』（『ごうとかい』と呼ばれていたと推測される）であった」。

そこには有馬頼寧《よりやす》（後に農林大臣。競馬の「有馬記念」は彼の業績にちなむ）、小野武夫（後に法政大学教授）、那須皓《しろし》（後に東京大学教授、農業経済学）などの農政・農学関係者、今和次郎《こんわじろう》らの建築研究者、菌学研究の草野俊助（後に東京大学教授）、植物学研究の三宅顕一（後に東京大学教授）、会津八一《やいち》や折口信夫《しのぶ》などの文人、鳥居龍蔵やニコライ・ネフスキーなどの人類学者や言語学者などが随時参加していた。

また「柳田は、郷土会の例会報告を後に『郷土会記録』（大岡山書店、１９２５年）として刊行しているが」、「郷土会での報告だけに飽き足らなかった柳田は、高木敏雄と共に一九一三年に『郷土研究』という雑誌を創刊し、そこに寄稿欄や問答欄を設けることによって全国各地から民俗に関する情報を収集し、若い同学者の育成を図ることとなった」という。

ちなみに小学校の唱歌「故郷（ふるさと）」も、１９１４年（大正３年）に尋常《じんじょう》小学唱歌の第六学年用で発表されたのが最初である。

つまり、明治以来近代化を進め、１８８０年代に憲法や教育制度などの新しい体制を確立した日本が、それから30年経って発見したのが「郷土」「故郷」「ふるさと」なのだ。

同様に、戦後30年経って、高度経済成長がピークに達し、人々の暮らしが洋風化し、豊かに様変わりした１９７０年代に、「下町」は発見されたのであると言うことができよう。

図表0－6　現在の23区に合わせた1910年から40年の人口推移

（単位：人）

	1910年	1920年	1925年	1930年	1935年	1940年
23区	2,006,687	3,358,186	4,109,113	4,986,913	5,895,882	6,778,804
千代田区	217,682	184,908	188,687	197,233	186,699	57,882
中央区	269,812	225,365	239,533	261,205	244,046	103,494
港区	330,004	320,541	322,487	337,333	336,312	124,382
新宿区	290,398	339,360	357,655	375,848	394,480	111,318
文京区	282,080	287,699	288,242	288,350	300,801	116,701
台東区	439,596	404,754	415,672	464,217	460,254	118,077
墨田区	320,695	327,604	390,843	464,892	479,809	105,614
江東区	150,701	254,324	273,384	319,786	385,222	419,154
品川区	50,329	27,661	49,415	84,456	105,682	153,041
目黒区	10,738	121,077	232,447	311,604	366,125	419,403
大田区	54,500	94,729	166,863	227,419	285,561	351,009
世田谷区	19,554	290,398	339,360	357,655	375,848	394,480
渋谷区	58,028	29,198	85,294	134,098	178,383	214,117
中野区	13,963	109,803	198,075	236,701	268,015	312,209
杉並区	13,990	22,287	63,019	108,208	152,187	198,795
豊島区	22,822	320,695	327,604	390,843	464,892	479,809
北区	41,517	330,004	320,541	322,487	337,333	336,312
荒川区	39,961	137,207	190,774	213,533	234,850	256,706
板橋区	23,386	282,080	287,699	288,242	288,350	300,801
練馬区	35,852	121,412	218,428	280,616	326,210	351,281
足立区	54,013	439,596	404,754	415,672	464,217	460,254
葛飾区	22,996	269,812	225,365	239,533	261,205	244,046
江戸川区	16,514	217,682	184,908	188,687	197,233	186,699

資料：東京都ホームページ資料より三浦展作成

1. 第一下町

～日本橋・神田・京橋～

トビラ写真 出所：『日本地理風俗大系』

中央区　貧民を追い出して進められた近代化

●人口は江戸時代から20世紀初頭まで変わらず

まず、第一下町である中央区（旧・日本橋区、京橋区）について、その近代史を概観しよう。

中央区の人口は近年のタワーマンション建設ラッシュにより17万人にまで増えた。しかし、１９９５年には６万３０００人ほどしかいなかった。戦後ずっとオフィス街化が進み、居住者が減り続けたためである。戦後の人口ピークは１９５５年であるから、高度経済成長が始まった時期だ。それ以降、中央区は住む街ではなく働く街に特化していったのである。

それ以前も中央区の人口は減少していた。１９３５年には26万１０００人いたが（日本橋区と京橋区の合計）１９２０年には27万人である。幕末も25万人ほどだったらしい。

しかし第２次世界大戦により７万６０００人に減少。さらに高度経済成長によりオフィス街化が進んで１９９０年代までは完全な人口減少期に入ったのである。

産業別人口（**図表１・１**）では、商業関係は１８９０年の１万９０００人から１９２０年は12万７０００人に増加。20世紀初頭に中央区は商業中心の街、特に金融業中心の街として発展したのである。

工業従業者は１８８６年に１万３０００人だったが１８９０年には３万８０００人、１９２０年は８万１０００人に増加したが、１９３０年には２万９０００人に減少している。15区別に見ると、工業人口が多いのは本所、浅草、深川、下谷といった第二～三下町。商業が多いのは日本橋が圧倒的で61％、次いで神田区なので第一下町という明解な違いがある。さらに公務自由業が多いのは麹町、赤坂、無職業が多いのは本郷、牛込《うしごめ》、赤坂、麹町の山の手である。都市計画による用途指定に従っており、山の手に軍人、大学教授、官僚が多く住み、専業主婦が多かったのである。

工場数を見ると、１８９５年には日本橋区で８カ所だったが１９３５年には78カ所に増加。同様に京橋区は60カ所から２９３カ所。神田区は９カ所から３４６カ所。また芝区は69カ所から６２１カ所、小石川区は８カ所から２０３カ所などと増えている。

図表1－1　東京市15区の産業別人口比

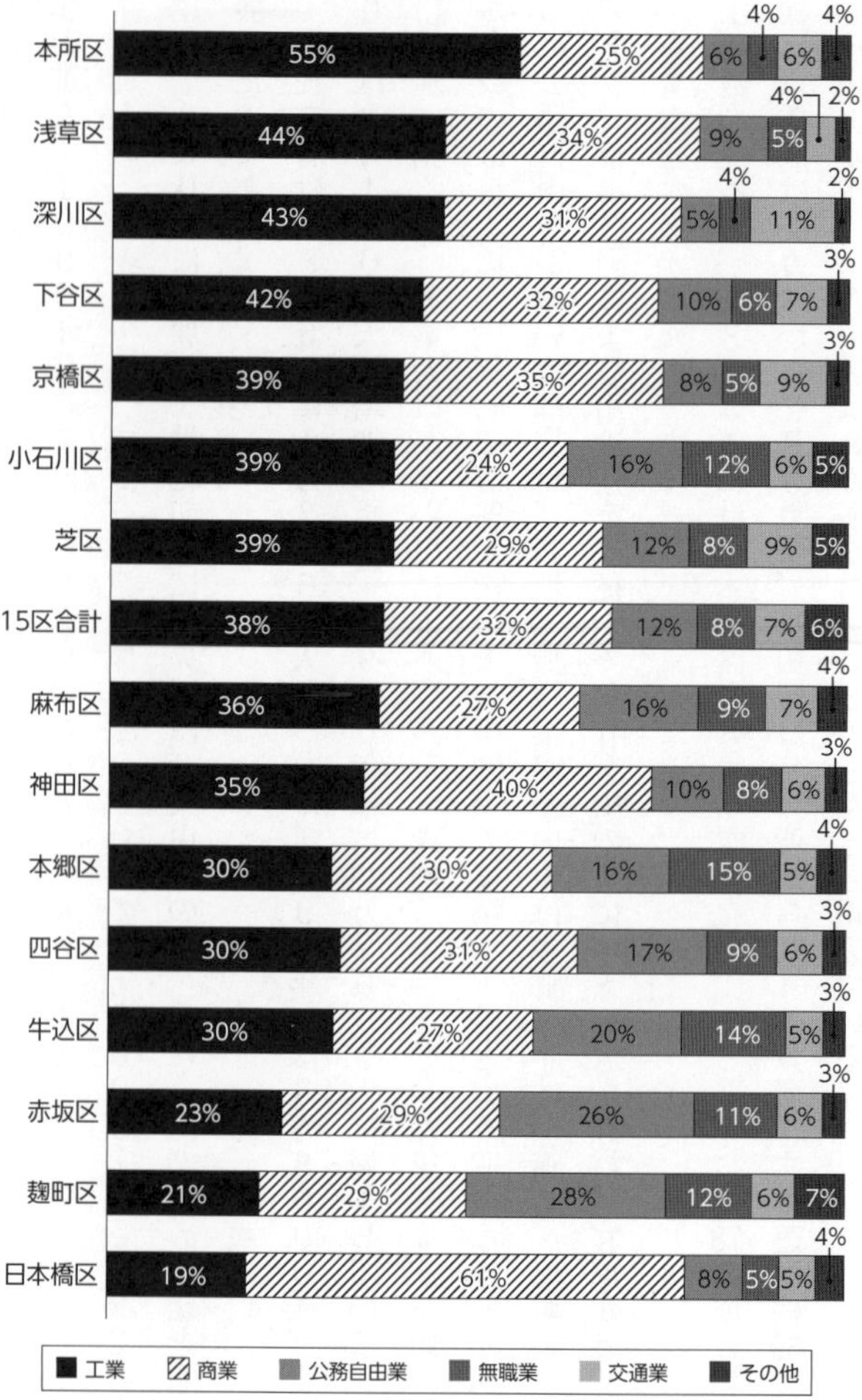

資料：東京市市勢統計（1920年）より三浦展作成

図表1－2　民間工場数の変化

	明治36年 (1903年)	明治42年 (1909年)	大正10年 (1921年)	昭和5年 (1930年)	昭和10年 (1935年)
麹町区	15	20	34	69	90
神田区	9	69	126	245	346
日本橋区	8	61	44	70	78
京橋区	60	146	177	270	293
芝区	69	91	218	460	621
麻布区	6	16	52	70	133
赤坂区	3	8	11	31	25
四谷区	6	7	10	28	51
牛込区	15	15	38	98	120
小石川区	8	33	69	171	203
本郷区	4	29	63	118	126
下谷区	26	63	218	211	313
浅草区	19	65	132	279	393
本所区	65	207	753	828	1,257
深川区	68	138	307	391	561

出所：『中央区三十年史　上巻』

さらに本郷区では４カ所から１２６カ所、下谷区では26カ所から３１３カ所、浅草区では19カ所から３９３カ所。深川区では68カ所から５６１カ所、そして本所区では65カ所から１２５７カ所へと激増している。明治末期から昭和初期にかけて、中央区周辺の区部で工業化が激しく進んだことがわかる。

もちろん中央区でも工場は増えたが、東京15区全体で１９０３年から１９３５年にかけて約４３００カ所の工場が増えた。そのうち、中央区は３３０カ所ほどを占めるだけである。対して本所区は１２００カ所、芝区は６００カ所、深川区は５００カ所、現・台東区（下谷区と浅草区の合計）は６００カ所を占めている（**図表1‐2**）。

また15区の外側の郡部では５９００カ所の工場が増えている。つまり、ほとんどの工場が中央区の外側の区部と郡部で増えたのである。工場が郊外化したのだ。

●働く街と住む街の分離

次に、１９３０年の15区の流入・流出人口（**図表１－３**）を見ると、日本橋区は区内への流入が４万６０００人に対して区外への流出が６６００人、京橋区は流入が４万７０００人に対して流出が９５００人であった。

同様に神田区は５万４０００人に対して１万１０００人、麹町区は11万４０００人に対して７０００人。芝区は５万７０００人に対して２万人、赤坂区は１万４０００人に対して９０００人と、区外から区内に働きに来る人が多かった。

特に麹町区、今の大手町、霞《かすみ》が関《せき》などの地域では圧倒的に流入人口が多かったことがわかる。職住分離が進み、都心のオフィス街化が進むと共に、商工業が発展して、区外から勤めに来る人が増えたのである。

ただし１９３０年であっても自区内に住み働く人は日本橋区で６万２０００人、京橋区でも６万２０００人いた。うち職住一致の者は日本橋区で５万６０００人、京橋区で４万４０

図表1－3　1930年の東京15区の流出入人口

	流入（人）	流出（人）
麹町区	114,085	6,994
神田区	54,325	11,055
日本橋区	45,500	6,573
京橋区	47,126	9,523
芝区	57,454	20,446
麻布区	9,152	16,057
赤坂区	13,729	9,281
四谷区	10,339	13,028
牛込区	21,759	21,902
小石川区	26,946	25,400
本郷区	24,863	22,868
下谷区	20,535	21,602
浅草区	16,250	17,412
本所区	22,376	18,059
深川区	13,391	16,655

資料：東京市役所「東京市昼間移動人口」1930年
出所：『中央区三十年史　下巻』

００人。つまり、区外から流入する従業者と同じかそれ以上の数、職住近接や職住一致の人がいたのである。その意味で、中央区はまだ江戸時代のように町人の街であった。

対して、麻布《あざぶ》、四谷、牛込、下谷、浅草、深川では流入より流出が多かった。麻布、四谷、牛込では郊外住宅地化が進んだからだ。

下谷、浅草、深川は住宅地化が進んだのではないだろうが、農民などが都心に何らかの工業、商業の仕事を求めて流入したのではないかと推察される。

また、工場数が急増した本所区では区内に働きに来る人口流入が２万２０００人に対して流出は１万８０００人であり、意外に流入が少ない。つまり工場労働者のほとんどは区内に住んで区内で働いていたのであろう。

しかし、もともと本所区に住んでいた人は少なく、多くは15区以外の地域、東京以外の地域から本所区に流入した人々であろうと思われる。

このように１８９０年頃から１９３０年頃にかけて、中央区は江戸の中心から、近代都市東京の中心としてのオフィス街へと変貌を遂《と》げ始め、職住近接（職住一致）の下町から脱皮。対して工業主体の下町は東側の区部に広がり、住宅地は西側の区部に広がっていったのである。

●麹町区と深川区の所得格差は20倍！

こうして麹町区などの山の手に官僚、大企業従業者などのホワイトカラーが住むようになった。１９３０年の有業者１人当たり年間所得（**図表１・４**）を見ると、麹町区は１万３６４１円とダントツで多く、15区全体の総所得額の25％を稼いでいた。

次いで日本橋区の４２７３円（同15％）、以下、京橋区１７０８円、芝区１４９５円、麻布区１２８３円、赤坂区１２７６円となっている。日本橋は下町とはいえ大きな商店の経営者が住んでいたので所得が高いのであろう（ただし裏町に行けば貧乏長屋もたくさんあっ

図表1－4　1930年の東京15区の所得格差

	年間総所得額（円）	構成比（％）	有業者1人平均所得額（円）
麹町区	373,710	25.4	13,641
神田区	56,069	3.8	902
日本橋区	225,514	15.4	4,273
京橋区	106,901	7.3	1,708
芝区	126,052	8.6	1,495
麻布区	52,916	3.6	1,283
赤坂区	32,426	2.2	1,276
四谷区	33,929	2.3	933
牛込区	56,336	3.8	930
小石川区	67,929	4.6	932
本郷区	62,172	4.2	942
下谷区	57,472	3.9	706
浅草区	80,103	5.5	711
本所区	81,490	5.6	747
深川区	56,055	3.8	683
計	1,469,073	100	1,501

資料：東京市『東京市民の所得調査』1930年
出所：『中央区三十年史　下巻』

た）。

対して所得が低いのは深川区６８３円、下谷区７０６円、浅草区７１１円、本所区７４７円などとなっている。ちなみに神田区は９０２円であり、日本橋区とは４倍以上の開き、京橋区とも２倍近い開きがある。

●銀座も昔は貧民街

昨今《さっこん》、港区と足立区の区民所得の差が３倍以上あると騒ぎ立てる本があるが、日本橋区と京橋区を足して２で割ると３０００円ほどであり、神田区の３・３倍になるから、これがちょうど現在の港区と足立区の格差に相当するだろう。今とは違って隣り合わせの区同士で大きな格差があったのだ。

また麹町区と深川区の差は20倍ほどである。皇居と隅田川を隔《へだ》てた土地には、今から見れば「超格差」があったことがわかる。

その格差は、江戸時代の武士と町人の格差をそのまま引き継いだものだとも言える。だが一方では、工業化によって都心部が下町からオフィス街に変貌し、町人が工場労働者などとして周辺部に追いやられたことによって、区同士の格差が拡大した面もあるだろう。

たとえば築地に外国人向けの居留地を建設したとき、もともとの土地は零細《れいさい》な漁民が集中する細民《さいみん》（貧困層）の集落が広がる場所だった。市街は狭く、土地は傾き、家は破壊されており、空き地にはゴミが山をなし……という状態だったのだ。

また銀座煉瓦街も建設以前はスラムだった。小商人、職人、日雇い、大道芸人らの下層民や雑業者が住んでおり、彼らを強制退去させて煉瓦街がつくられたのだ。住んでいた人力車夫や芸者屋などから転居延期願や営業補償願が出されたが、いずれも却下されたという（石塚裕道「東京の都市下層社会と「細民」住居論」）。

●貧困層が移動し、新しい下町をつくった

それくらい、日本橋にも京橋にも貧困層はいたのだ。たとえば幕末の１８６６年、「極貧

図表1－5　東京15区別の都市下層の分布

区	明治20年代		明治30年代「貧民」の代表的2職種	明治末一大正初頭「細民」	大正中期「定居的細民」	昭和初期「要保護者」
	「貧民窟」の数	構成比				
麹町	3	2.6	3.6	－	1.7	1.1
神田	11	9.6	9.8	－	4.0	0.8
日本橋	10	8.7	5.1	－	0.5	0.7
京橋	10	8.7	6.6	－	5.7	10.4
芝	11	9.6	10.1	1.8	3.8	6.8
麻布	2	1.7	4.2	1.3	0.6	2.1
赤坂	7	6.1	2.3	0.2	0.7	1.3
四谷	2	1.7	3.4	2.7	5.6	3.8
牛込	8	7.0	4.9	0.6	3.8	2.9
小石川	15	13.0	4.4	9.1	10.4	5.0
本郷	9	7.8	6.1	0.7	2.5	2.9
下谷	4	3.5	11.2	17.6	5.8	7.1
浅草	13	11.3	14.2	34.1	13.2	13.1
本所	6	5.2	8.1	17.1	15.7	19.8
深川	4	3.5	5.9	14.7	25.9	22.1
計	115	100.0	100.0	100.0	100.0	100.0

資料：石塚裕道「東京の都市スラムと公衆衛生問題」
出所：中川清「戦前東京の都市下層」

者」の数は日本橋に２７１０人、京橋に２１８８人と、都心部にも少なくなかった。もちろん最多は他の地区であり、深川で１万３１８１人、本郷と神田明神下の合計で１万２９０１人、小石川で１万６８０人、赤坂・四谷・牛込で６９５９人、高輪《たかなわ》・麻布で４４６１人など、山の手のほうにこそたくさんいた（石塚裕道『東京の社会経済史』）。これは東側の下町の面積がまだずっと狭かったことと、東京の山と谷が入り組んだ地形のために、山の手でも低地には貧民が住んだからであろう。

　また**図表１・５**を見ると、明治20年代には小石川区に15の貧民窟《くつ》があったという。浅草区には13、神田区、芝区に各11、日本橋、京橋区に各10があった。東京市15区内での構成比では小石川が13％、浅草が11・３％、神田、芝が９・６％、日本橋、京橋が８・７％である。

　これが明治30年代になると、浅草は14・２％に増え、下谷区が11・２％に急増する。後述するが、神田にいた貧民層が浅草区内、そして下谷万年町《まんねんちょう》などに移住してきたからである。神田と芝は微増だが、日本橋、京橋は減っている。第一下町から第二下町に貧民が移動したことがわかる（中川清「戦前東京の都市下層」）。１９００年頃から10年ほどで地代が10倍以上に上昇したことも、貧民を郊外に押し出す圧力となった（石塚裕道「東京の都市スラムと公衆衛生問題」）。

　さらに大正中期には深川が25・９％、本所が15・７％と急増する。浅草は13・２％に微減。とはいえ、以上３区で50％を超える。日本橋は０・５％しかなくなり、芝も３・８％、下谷も５・８％に減る。昭和初期には神田も０・８％とほとんど消える。なお、京橋が10・４％に増えるのは月島の工場地帯化の影響であろう。

　また東京市15区の調査なので荒川区が含まれないが、後述するように大正時代に貧民層が増えたことは言うまでもない。昭和初期には貧民層の６割以上が新市域（１９３２年以前は東京市15区の外側の郡部だったところ）に分布していたという。特に荒川、向島、城東、板橋という隅田川や荒川沿いの４区である（中川清「戦前東京の都市下層」）。

このように大正から昭和にかけて貧民地区が第二下町から第三下町に移動し、後述する「不良住宅地区」を形成することになるのだ。

また１８７９年の「十五区家屋調査表」によると、瓦葺《かわらぶ》きの上・中級家屋は６３０２棟だったが、こけら葺きの下級家屋は１万１４７棟もあった。京橋では瓦葺きが３３１３棟、こけら葺きが８０８３棟。神田区では瓦葺きが４６５０棟、こけら葺きが９３０２棟だった（前掲石塚論文）。落語に出てくる貧しい熊さん、八《は》っつぁんのような人たちが密集していたのである。だからこそ火事になるとすぐに燃えて消えた。

こうした人々を周辺の区に追いやってできたのが、近代都市を目指す日本橋であり銀座であった。結果、それらの町は次第に下町と言われなくなったのである。

逆に貧民層が移動した地域はその後次第に人口が増え、商工業が発達し、下町と呼ばれるようになったのであろう。

佃島・月島

「下町らしさ」は大阪から来た？

●後からつくられた島

中央区は戦前、日本橋区と京橋区に分かれていた。佃島、月島は京橋区の一部だが、またちょっと別の存在だった。なぜなら、「後からつくられた島」だからだ。

佃島は、本能寺の変の時に徳川家康に加勢した摂津国《せっつのくに》西成郡佃村（現在の大阪市西淀川区佃）の名主・森孫《まご》右衛門《えもん》が、家康の命を受けて33人の漁師を連れて１５９０年に江戸に移住し、石川島南の干潟《ひがた》に築いたものだという。佃大橋の北側の２００メートル四方くらいの土地がそれである。島にある住吉神社は大阪の佃にある田蓑《たみの》神社を分霊したものだ。

佃島ができる前に江戸で仮住まいしていたのが文京区大塚、現在のお茶の水女子大の近くにある窪町《くぼまち》東公園のあたり。今の千川通りの下を昔は千川、小石川が流れていた。江戸が開発される前は川というより入江であって、漁師が多く住んでいたという。そこから舟に乗って、平川（神田川）を経て江戸湊《みなと》に出て漁をしたのだ。だから小石川植物園の北西には網干坂《あみほしざか》がある。漁師が網を干したのである。

佃島ができて移住した漁民は、白魚《しらうお》漁に従事し、将軍家に白魚を献上《けんじょう》した。献上した残りを市販するために開いたのが日本橋魚市場の起こりと言われる。

同時に漁民たちは１６１４年からの大坂の陣で、海上隠密《おんみつ》の役割も果たしたという。隠密がしやすいように、浅草川と稲毛川以外の全国どこでも漁をしてよいという、ものすごい特権を与えられた。

佃島は現在の佃１丁目に当たるが、２丁目はかつての石川島である。１６２４年（寛永初年）に御船手《おふなて》の石川八左衛門正次《はちざえもんまさつぐ》がこの地を拝領して住んだので石川島と呼ばれたのである。だが台風による冠水被害を受けたのと、石川島の南に人足寄場《にんそくよせば》がつくられたことを理由に石川家はこの地を去った。

人足寄場とはドラマ『鬼平犯科帖《おにへいはんかちょう》』で有名な長谷川平蔵の建議によりつくられたもので、江戸市中の無《む》宿人《しゅくにん》を集めて授産事業（職業訓練）を行う施設である。当時は油絞りの仕事に重点が置かれ、無宿人たちが絞った油が「寄場油」の名で安い値段で売られたという。

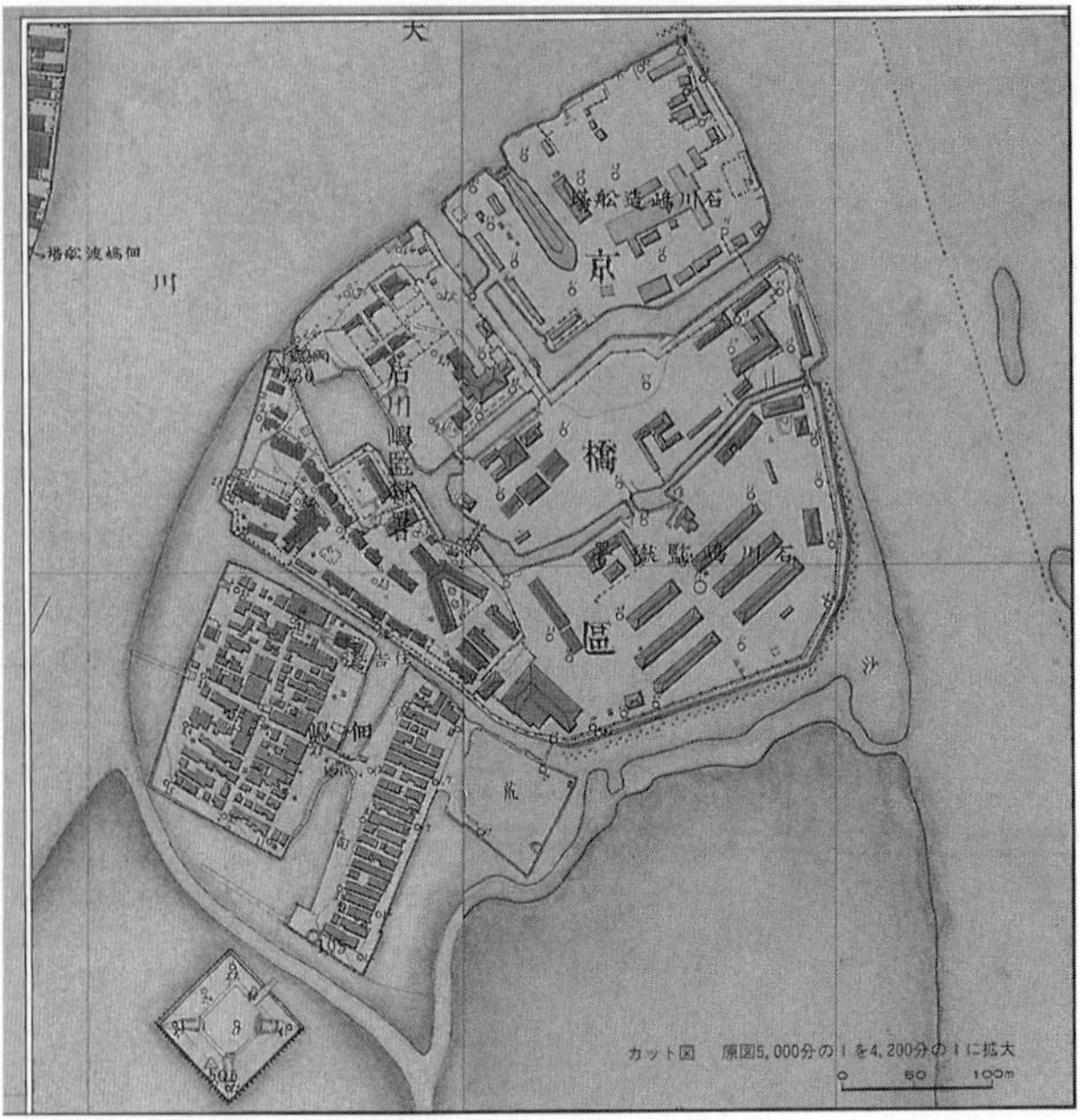

石川播磨時代の月島（出所：『中央区沿革図集［月島篇］』）

しかし１８２０年からは刑罰執行場的な性格が強まり、明治時代になると監獄となり、95年に巣鴨に監獄ができるまで存続した。

　監獄の跡地には共同石油タンク、三井建設倉庫ができ、石川邸跡には軍艦建造のための官営の造船所ができ、それが横須賀に移転した後、１８７６年には石川島平野《ひらの》造船所となった（長崎の平野富二が設立したもの）。

　同社は戦後、１９６０年に播磨《はりま》造船所と合併し、石川島播磨重工となり、世界の造船業のトップ企業となった。

佃の南側の月島はすべて、明治以降に埋め立てられた土地である。東京を近代都市に生まれ変わらせるため、隅田川河口を大改造し、大東京港を建設することとなり、埋め立てをして造ったのが月島である。１８９２年（明治25年）から１９３７年（昭和12年）にかけて１号地から４号地ができた。港の建設は頓挫《とんざ》したが、鉄鋼関連の工場地帯として発展し、商店街も繁栄した。大正時代の月島西仲通《なかどおり》商店街には、おでん、寿司、中華そば、焼鳥の夜店が出て、月島名物となり、川を越してわざわざ見物に来る人もいた。

また月島の夏の名物としては水泳場があり、１９２０年代初頭には二十数軒の水泳場があって、子どもに人気だったという。

●難航した開発

佃や月島の発展にとって重要だったのは、北側の深川（越中島《えっちゅうじま》、門前仲町）とつながる相生《あいおい》橋の完成（１９０３年）である。それまで労働者は舟で月島に渡っていたが、橋ができると深川側から歩いて通えるようになった。

また日露《ろ》戦争が起こるとますます工業は発展し、京橋側からも労働者が通えるように１９

月島で遊ぶ子どもたち
(2000年撮影)

０５年、勝ちどきに渡しがつくられた。ところが13年７月に高潮《たかしお》が押し寄せ、月島は大打撃をこうむった。そこから復興しかかったところで17年10月にも暴風雨と高潮があり、そこからまた復興した頃、20年２月から月島二号地に労働者向けの小住宅「月島市営住宅」を建設することになった。

ところが23年９月１日に関東大震災があり計画が頓挫。被災者は政府が建てた集団バラックに収容された。その後政府からの義援《ぎえん》金も使って、東京府・東京市が24年から25年にかけて住宅を建設した。その他、三ノ輪《みのわ》、深川本村町《ほんむらちょう》、横網《よこあみ》の計４カ所で１１８６戸の住宅がつくられた。

また23年４月に、月島と古石場《ふるいしば》に公衆浴場が建設されていた。しかし震災で古石場の浴場は設備が焼失し、月島浴場は完全焼失した。市は市内29カ所に仮設浴場を建設したが25年から漸次《ぜんじ》閉鎖し、これに代わるものとしてまず25年には古石場に市営住宅附設浴場を開業し、月島浴場を27年３月に開業した。

市設月島質屋《しちや》もつくられた。市内の質屋は震災によって大打撃を負っていたため、東京市は月島など市内の貧困地帯４カ所（その後７カ所）に市設質屋を開設したのである。

こうしてようやく月島の体制が整い、33年には勝鬨《かちどき》橋の建設が着工し、40年に完成する過程で月島は大発展する。

●幻の東京市庁舎と万博・五輪

１９３２年10月１日、東京市の15区と周辺郡部が合併し35区となると、東京市庁舎を月島４号地（今の晴海《はるみ》）に移転する計画が浮上した。東京を発展させるには東京湾を埋め立てて15区分の土地をつくるのがよいという考えがあり、そのためには庁舎が月島にあるのがよいというのだった。新庁舎の設計コンペも行われ、当選者も宮地二郎に決まっていた。前川國男が三等。

だが、またしても計画は頓挫する。戦時色が濃厚になったことと、先述の高潮の危険が中止の理由だった。

晴海新庁舎は実現せず、ずっと空き地だったが、戦後、前川國男が公団晴海アパートを設

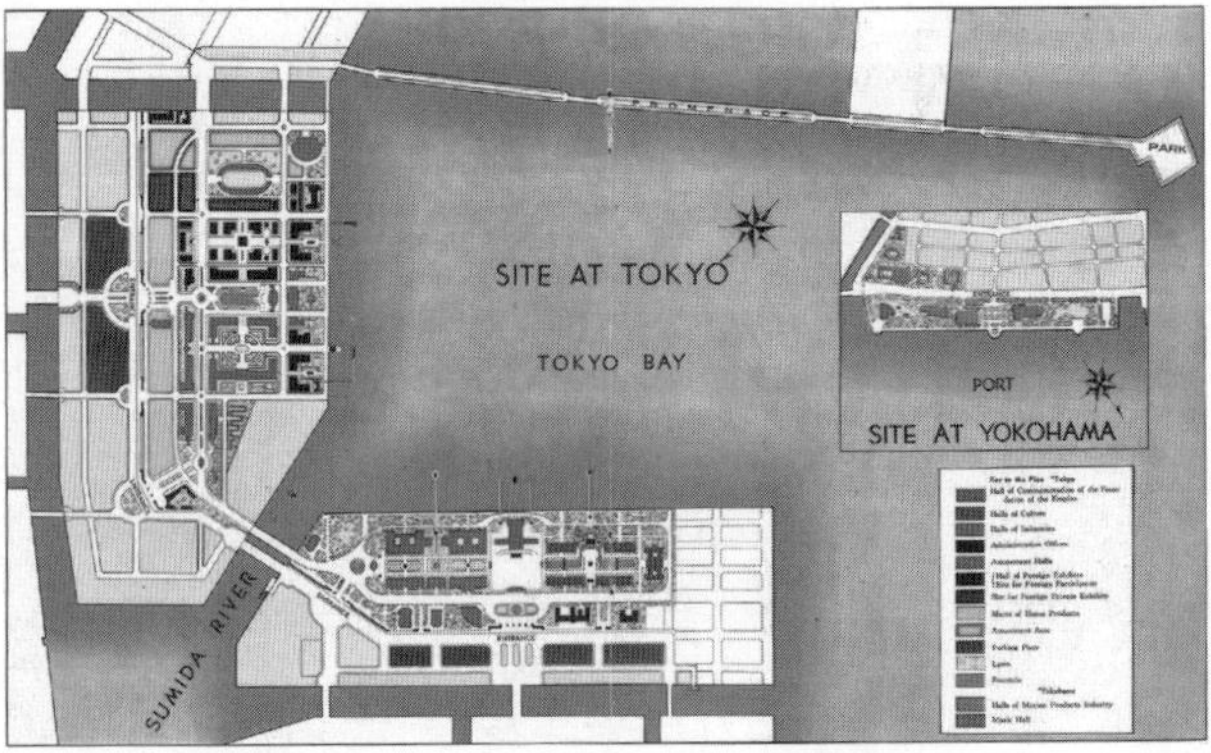

新市庁舎と万博会場の予定図（1938年）。下側が晴海に予定された市庁舎、左側が現在の江東区に予定された万国博覧会会場計画図

（出所：『中央区沿革図集［月島篇］』）

計した。今はそれも取り壊されて晴海トリトンスクエアになっている。

　そして２０２０年は東京オリンピック・パラリンピックが新型コロナウイルスの蔓延《まんえん》により延期となった。１９４０年にも東京オリンピックが中止になったのだが、それが開催されるような国際情勢であれば、市庁舎移転も実現しただろう。だが当時の技術では大津波を防ぎきれなかっただろうから、やはり実現はしなかったのかもしれない。東京は、自然による災禍が大きな影響を与える都市のようである。

　それと、１９４０年の五輪・万博・市庁舎移転中止、２０２０年の五輪延期だけでなく、１９９５年には世界都市博覧会が青島幸男知事によって中止させられていることを思い出した。

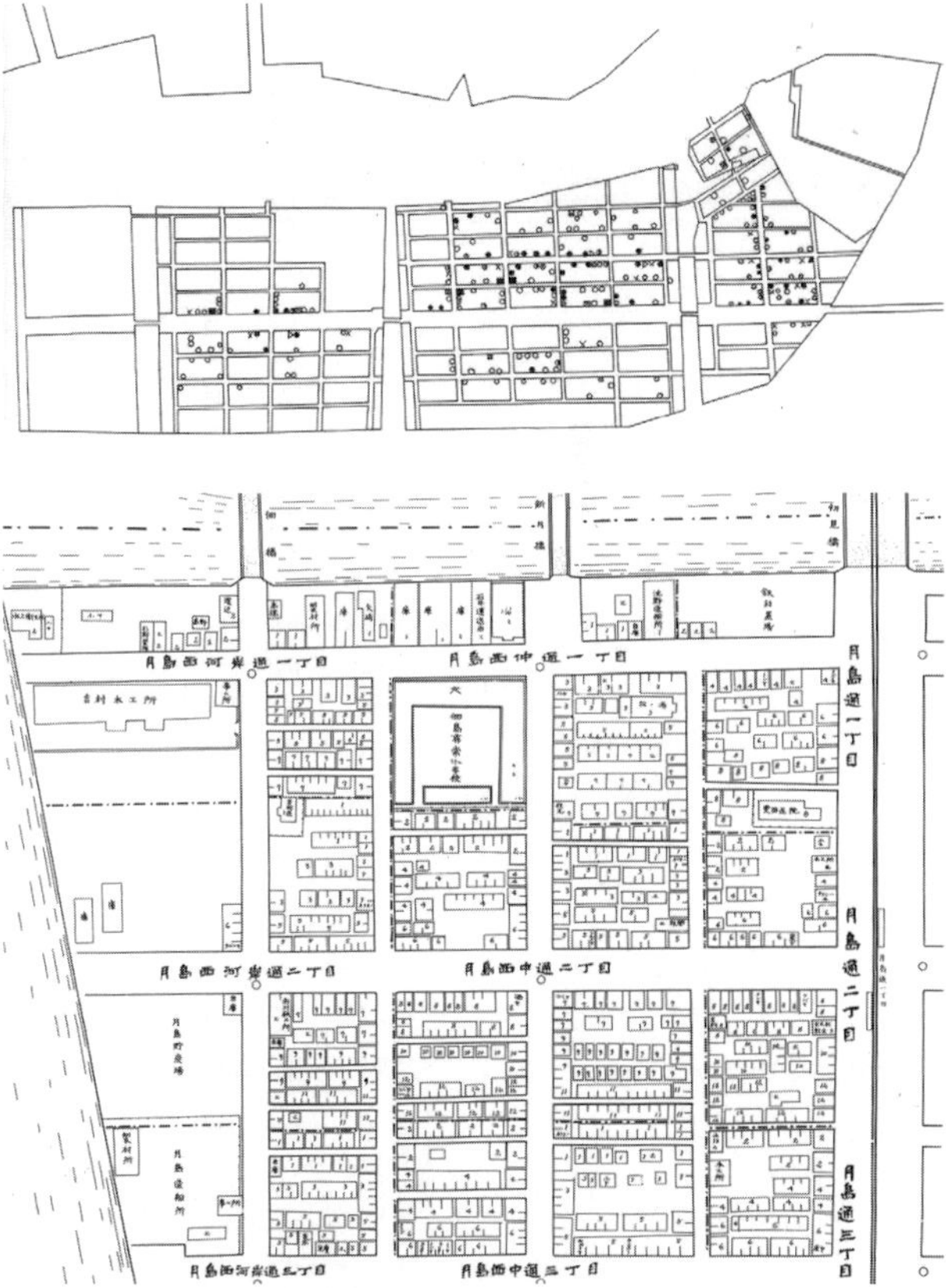

（上）大正期の月島（印がついているのは飲食店）
（下）月島小住宅ができた時期（1935 年頃）

出所：『中央区沿革図集［月島篇］』

東京が東京湾で実施しようとした大プロジェクトはことごとく中止、頓挫、延期しているのだ。

これは明治政府に追い出された徳川の呪いではないか、と私は少し思っている。そういえばシン・ゴジラだって東京湾から現れて首都を破壊する。防衛大臣役のモデルは現知事・小池百合子。偶然とはいえ、なかなか興味をそそられる事実である。

神田

スラムクリアランスによりモダン都市へ変貌

●商人の町・神田

日本橋、京橋、神田を第一下町と本論では定義した。たしかに江戸っ子といえばやはり神田のイメージだ。実際、神田には江戸っ子寿司という寿司屋もあるくらいだ。

落語に出てくる熊さん、八っつぁんも、きっと神田あたりに住んでいたのだろうと、おそらくみんな勝手に思っている。日本橋だって大店《おおだな》のすぐ裏には貧しい町人の住む長屋があったらしいが、やっぱり神田明神《みょうじん》もあるし、どうしたって神田のほうが江戸っ子らしい。

１８７８年（明治11年）、東京市15区制度が導入されて神田区ができた。１８８４年の人口は10万９９００人。これが１９１２年（大正元年）は17万２１９０人に増える。だが他の区も、日本中も人口が増えたので神田だけが発展したのではない。

関東大震災後の１９２５年には11万７８７５人に減少、その後少し持ち直すが、１９４０年は12万８０００人ほどであり、要するに明治初頭から神田区の人口は結果的にあまり変わらなかった。それだけ古くからの下町であり、新開地《しんかいち》ではないということである。

またちょっと意外なのは、神田は職人の町では必ずしもない、という点だ。鍛冶《かじ》町、竪大《たてだい》工《く》町、鍋町、塗師《ぬし》町《ちょう》などの町名があるように、たしかに江戸の初期は職人の町だった。だが、職人は次第に各所へ分散していき、江戸中期には神田は日本橋北側に続く商人の町になっていた（吉田伸之編『東京の歴史　４』）。

特に須田町、連雀《れんじゃく》町《ちょう》、多《た》町《ちょう》周辺には青物市場、水菓子（果物のこと）市場が集まる神田市場が形成され、江戸の流通の一大拠点だったのだ。

また、岩本町には明治当初から古着市場が発展した。１８８１年に市場の中を貫《つらぬ》く運河が掘られると、古着市場は岩本町、富松町、日本橋久松町の３カ所に分離したが、岩本町が他を圧倒した。神田川の柳原《やなぎはら》土手には露店の古着商も並び、東京名物になった。

神田区の１８８５年の工業生産物を調べると、ろうそく３６０万本、玩具32万個、錦絵《にしきえ》23万枚、鼻緒《はなお》17万足、筆７万６０００本、鼈甲《べっこう》細工２万３０００個、うちわ１万５０００本、扇子《せんす》１万２０００本、漆器《しっき》１万４０００個、袋物《ふくろもの》１万７０００個、こうもり傘２万６００

０本、人力車８００台、馬車59台である。

神田区が１位の産物は、馬車とろうそく。人力車、こうもり傘、鼈甲細工、漆器、鼻緒は浅草区が１位。筆、うちわ、玩具、足袋《たび》、袋物は日本橋区が１位だった。日本橋、神田、浅草でしのぎを削っていたことがわかる。

また１８９７年、東京市にある商工業の戸数は、１位は大工、左官《さかん》で１０００戸以上あった。５００～９９９戸あったのが石工、指物《さしもの》、鉄鍛冶、和服裁縫、錺《かざり》（金属を細工したかざりをつくる）。

３００～４９９戸が屋根葺き、木挽《こび》き、畳、足袋、染め物、鼈甲、靴。２００～２９９戸が植木、釘《くぎ》、帽子、袋物、鋳物《いもの》、経師《きょうじ》（屏風《びょうぶ》やふすまなどを仕上げる職人）、塗り物、下駄《げた》、革細工、鼻緒、建具《たてぐ》。

とまあ、こういう具合で、実に東京は下町職人の都市であったことがわかる。

また１９００年の神田区の商業は、１位が飲食店で５２９軒、以降は２位菓子屋４５６軒、３位米屋３２４軒、４位下宿屋２４７軒、５位古着屋２４２軒である。

だが１９２０年（大正９年）の国勢調査によると、東京市の職業別人口は工業が39％であり、商業が31％。神田区は工業36％、商業37％だから、実は工業より商業の比重が大きかった。

工業の中心は既に本所方面に移動していた。本所区は64％が工業であり、工業従事者も14万１８３５人と多い。浅草（11万３０４４人）、下谷（７万６６３１人）、深川（７万７５９１人）、小石川、京橋、芝の６区が４割台でそれに次ぐ。まだ東京市ではなかった品川、渋谷、淀橋《よどばし》、荒川、王子、足立、向島、城東といったあたりも工業人口が１万人以上に増えていた。

他方、１９３０年になると東京市内の工業人口は減少し、商業人口が増えた。工業は市外で増えたのである。

●商業中心が第二、第三下町へ移動

１９３０年の東京市全体の職業別人口に占める下町各区の割合（**図表１‐６**）を見ると、日本橋区、浅草区は商業がそれぞれ12％、13％を占めているが、日本橋、神田、京橋という都心部はすでに工業人口は少なく、浅草、下谷、本所という第二、第三下町に重心が移動したことがわかる。

つまり日本橋、神田は職人の街からオフィス街、勤め人の街に変わり、勤め人のために

図表1－6　東京市全体の職業別人口に占める下町各区の割合（1930年）

職業	日本橋区	神田区	京橋区	芝区	浅草区	下谷区	本所区	深川区
皮革、骨、羽毛品類製造に従事する者	3.1%	4.8%	1.7%	7.6%	29.8%	12.5%	20.6%	3.2%
被服身装品製造に従事する者	5.3%	9.0%	4.7%	6.9%	21.7%	10.5%	12.5%	4.5%
精巧鉱業に従事する者	1.6%	5.7%	2.4%	5.4%	17.8%	17.4%	22.1%	4.3%
記者、著述家、芸術家、遊芸家	5.3%	5.0%	4.5%	7.3%	16.8%	12.1%	6.1%	3.1%
接客業に従事する者	8.4%	7.0%	8.9%	8.0%	16.1%	7.8%	7.7%	9.0%
其の他の工業的職業	3.5%	6.0%	5.4%	8.2%	15.8%	10.3%	17.4%	8.2%
木竹草蔓類に関する製造に従事する者	2.6%	5.3%	5.5%	10.1%	14.8%	11.6%	15.5%	15.3%
飲食料品、嗜好品製造に従事する者	3.9%	6.1%	5.5%	9.3%	14.3%	9.3%	19.2%	7.7%
化学製品の製造に従事する者	2.4%	3.9%	2.5%	5.0%	13.7%	9.8%	25.3%	9.4%
宗教家	1.8%	2.6%	3.3%	11.0%	13.3%	12.1%	11.6%	7.0%
商業的職業	12.0%	9.7%	7.4%	6.8%	13.0%	8.7%	10.7%	7.7%
土木建築に従事する者	2.0%	4.6%	5.7%	7.9%	12.1%	9.6%	15.0%	13.7%
中分類	5.2%	6.3%	6.4%	8.5%	11.8%	8.5%	11.4%	8.6%
其の他の無業	3.9%	5.5%	5.9%	8.4%	11.4%	8.6%	11.7%	9.1%
紡織工業に従事する者	5.8%	6.2%	3.8%	5.9%	10.7%	7.3%	26.8%	7.2%
紙工業、印刷に従事する者	2.9%	13.0%	10.4%	6.5%	10.7%	8.0%	8.3%	5.1%
瓦斯、電氣、水道業に従事する者	1.5%	4.2%	4.8%	12.6%	10.4%	8.3%	12.4%	10.0%
其の他の有業者	4.0%	4.6%	7.4%	9.4%	9.6%	5.6%	11.4%	17.5%
家事使用人	7.9%	6.6%	6.1%	9.7%	9.1%	6.3%	5.9%	3.9%
金属工業、機械器具製造、造船運搬用具製造に従事する者	1.3%	3.8%	8.1%	14.8%	8.8%	8.3%	22.5%	10.8%
其の他の自由業	2.8%	4.8%	3.7%	10.2%	8.2%	8.5%	7.7%	5.2%
医療に従事する者	6.6%	7.3%	5.3%	9.8%	8.1%	7.1%	6.0%	3.6%
農業	2.9%	3.4%	2.0%	8.4%	8.0%	9.9%	8.3%	4.3%
通信に従事する者	2.7%	5.3%	4.5%	10.1%	8.0%	9.3%	10.3%	8.9%
金融、保険に従事する者	2.7%	4.5%	14.9%	8.0%	7.7%	7.3%	5.8%	3.3%
収入に依る者	2.5%	3.6%	3.0%	9.3%	7.6%	8.0%	6.0%	3.8%
運輸に従事する者	6.7%	6.0%	13.1%	14.4%	7.1%	4.9%	11.1%	12.2%
官吏、公吏、雇傭員	1.6%	4.8%	3.7%	11.9%	6.7%	7.5%	6.9%	6.3%
書記的職業	4.8%	6.1%	5.7%	11.5%	6.2%	7.5%	6.0%	4.8%
窯業、土石加工に従事する者	0.9%	2.4%	2.7%	4.7%	5.3%	5.8%	34.5%	34.1%
法務に従事する者	5.4%	7.1%	5.8%	8.0%	4.8%	6.9%	3.3%	1.9%
教育に従事する者	1.0%	3.3%	1.5%	7.2%	3.7%	6.1%	3.9%	3.5%
鉱業	0.9%	3.8%	3.8%	13.2%	2.5%	5.7%	3.1%	4.4%
陸海軍現役軍人	0.7%	1.6%	8.2%	2.6%	0.6%	0.7%	0.7%	0.6%
水産業	0.5%	0.8%	20.5%	20.1%	0.5%	1.9%	1.9%	42.5%
製缶に従事する者	0.0%	4.3%	0.0%	0.0%	0.0%	0.0%	4.3%	73.9%

出所：「東京市市勢調査」1930年

サービスを提供する商業の街になっていったのである。

丸の内の事務所数は１９１６年には１６５だけであったが１９２８年には１４６８となり、38年には２０４７に増大した。勤め人が増えたことは他の地域から昼間に流入する人口が増えたことを意味する。また１９２３年の関東大震災の影響もあり、夜間の常住人口は１９１０年の16万３２２３人に対して１９３０年には12万９９７６人に減少した。

神田区が製造業から商業の街に変わったことを示す事例が、衣服製造業である。先ほど紹介した１９００年の神田の商業件数では古着屋が5位にランクインしていたが、これは江戸時代以来、柳原土手が古着の街だったからである。柳原土手は、秋葉原駅の南側の和泉《いずみ》橋から浅草橋までの神田川南岸（ほぼ今の岩本町界隈）であり、そこに無数の古着屋があったのである。正式な古着商というのは3軒だけだが、その3軒に許可をもらって古着屋商売をしたらしい（震災後は既製服店も増えた）。

日本橋は繊維《せんい》街でもあり、１９００年の日本橋区には、絹織物《きぬおりもの》を扱う商店81軒、木綿《もめん》織物１８６軒、舶来《はくらい》織物74軒などがあったが、神田区でそういう商売はわずかであり、もっぱら古着屋だったのだ。

明治になると古着商が自由化されて、前述の3軒以外も自由に古着屋が開業できるようになった。つくりすぎた軍服の払い下げ品が古着市場にも出回り、木綿の絣《かすり》に袴を穿《は》いていた当時の三等役人が、背広《せびろ》がわりに軍服を着て文明開化の気分を味わうなんてこともあったようだ。

　払い下げ品を修理して売り出す「出物屋」も登場し、さらに思い切って洋服の新製品を製造販売する既製服商に切り換えるケースも生まれた。新宿、吉祥寺などに店舗を展開するタカキューがその代表である。

　既製服問屋で売られている服は直営工場による生産ではなく、ほぼすべて下請け業者に生産を委託する。１９５６年の鉄鋼業労働者の平均月給が２万４２９４円なのに対し、衣服身の回り品労働者のそれはたった８０５１円にすぎなかった。３分の１である。そういう安い給料で仕事をしていたのは、貧しい下町の女性である。下請けは台東区、墨田区、荒川区の零細企業に多かった。ほとんどが従業員５人以下である。こうして、第一下町は製造業の街から卸売り・小売りの街となり、製造は第二・第三下町に任せるようになったのだ。

●日本初のスラムクリアランス

　江戸は何度も大火にあったが、明治以降も火事は多く、１８８１年には神田で大火があり

1万戸以上焼失するなど、明治期最大の被害となった。

これを機に第7代府知事だった松田道之は「東京中央市区劃《かく》定之問題」を起草し、市区改正委員局を設置した。それ以前にも72年の大火により府知事の由《ゆ》利《り》公正《きみまさ》は煉瓦街と道路計画による東京市街地の不燃化を主張し、銀座煉瓦街の建設が計画されていた。

大火が起こる理由は、貧民の暮らすこけら葺きの長屋が多いからである。だから不燃・防火の都市をつくり、煉瓦や石づくりなどの高額な住居をつくることは、貧困層が住める家をなくすことにつながる。その点は現在の、飲み屋街をつぶしてタワーマンションを建てる都市再開発と同じである。

松田知事の改正案はまさにそれであり、貧民も富裕層も雑居しており建築基準のない「下級家屋」の最も多い「中央市区」（日本橋・京橋区と神田区の東半分）において、道路、河川、海岸の整備をし、防火性を高め、貧民と富裕層の居住地を分離させ、スラムクリアランスを行い、「中央市区」の高層化とビジネス・センター化を成す計画だった。今と同じである。

82年に第8代府知事となった芳川顕正《あきまさ》もその考えを引き継いだ。当時は、経済評論家田口卯吉《うきち》の東京改造論、市街地改造論、火災予防論や、福沢諭吉の煉瓦街建設論、海軍軍医総監の高木兼寛《かねひろ》らによる伝染病予防の見地からの細民住居改良論などが展開されていた。そのため、市区改正の機運は盛り上がっていた。

81年の大火で焼失した神田の橋本町では江戸時代から貧民が多く、81年当時で人口密度が1平方キロ当たり10万人という超高密度だった。ここで日本初のスラムクリアランスが始まった（石《いし》田《た》頼房《よりふさ》『日本近代都市計画史研究』）。

東京府が神田柳町（現在の須田町）に所有する土地を売った資金で橋本町の土地を買い上げ、近代的な建物を建てる業者のために土地を貸し出す形をとった（その過程で三菱の岩崎弥《や》太《た》郎《ろう》が柳町を一括で借りて貸家経営をしたいと出願したが、実現はしなかった。当時、岩崎家は淡路町にあったので柳町は隣だった。岩崎家については三崎町、佐竹の章も参照されたい）。

神田須田町には古い飲食店が残る

●追い出された貧民たちの行き先は？

さて、追い出された貧民たちは代わりの住居を与えられたわけではないようで、彼らを「散布シテ住マワシムル」ことが目的だった。ちりぢりバラバラに、どこかに追放すればそれでよかったのである。第9代府知事の渡邊洪基《ひろもと》は貧民を本所、深川、千住一帯に移住させたいと上申したという（石塚裕道「東京の都市下層社会と『細民』住居論」）。

都市計画家の石田頼房は、ちりぢりになった貧民たちがどこに行ったのかを当時の新聞記事などで調べている。それによると、東京府は大火で焼け出された貧民のために、本所区江東学校、本所区本所学校、深川区明治学校、日本橋区桜池学校、日本橋区十思学校に避難所を開設し１０００人以上（ほぼ橋本町住人）が避難した（石田前掲書）。

しかしこれはあくまで一時的な施設であり、すぐに閉鎖された。貧民たちは3万円をもらって避難所を出た。だが、もともと無一文の貧民たちであるから、これでは焼け太りだという声も彼らに対して出たようだ。しかし、大火によって家賃が高騰《こうとう》しており、3万円では家賃2～3カ月分にしかならないので、そうした批判は当たらなかった。

いずれにしろ、貧民たちは家を求めて下谷区万年町や浅草区向柳原福井町（現在の浅草橋）あたりへ移動したという。万年町は江戸以来の三大貧民窟であったが、福井町は違ったので、貧民が来ては風紀が悪くなるとか、銭湯の客が逃げるといって排斥《はいせき》運動が起こり、区役所に申し立てをして貧民を場末に移すべきだと主張された。

福井町では物置を仕切って棟《むね》割長屋（82ページ参照）のようにして住んでいた貧民もいたが、府当局は、そのような改築をして橋本町の貧民街のような体裁の悪い雰囲気を醸《かも》し出してはならぬと神田区と日本橋区に通達している。浅草区有志の申し出を受けて、福井町の地主・家主に対しても同様の指示をし、棟割長屋などをつくった者は府庁に呼び出されて厳しく諭達されることになった。

さらに浅草区長は地主を呼び寄せ、中央市区では防火のために建物を堅牢《けんろう》に建て替え、家賃を上げ、入居審査をして貧民たちを住めないようにしたのだから、浅草区でも同じように家を修繕・新築するときは借家であっても家を堅牢にして家賃を上げれば、身元の怪しい者は住めなくなり、風紀もよくなるだろうと諭達を出したという。こうして貧民たちは下谷区万年町、同・山伏《やまぶし》町あたりに移るのがよいとされたのである（石田前掲書）。

このように、単に東京の人口増加が下町の拡大をもたらしたのではなく、都心部の近代化とそれに伴う政策が貧民たちを外側に（場末に）追い出し、場末の人口を増やし、結果としてその場末を次第に下町的にしていったのである。

◇コラム　長屋のタイプ

長屋にも種類があり、いちばん貧しいのが共同長屋である。三畳一間くらいの部屋が土間の通路を挟んで向かい合って並んでいるだけで、部屋には玄関もなく、いきなり畳という大層貧しいものである。通路の上に屋根があるとまるでトンネルみたいなので、トンネル長屋とも言われた。不良住宅地区には三畳一間はざらだったので「三畳長屋」という言葉もあったようだ。

まず共同長屋。これは明治末期の下谷方面からできたもので、それ以前の木賃宿《きちんやど》の増築が規制されたために共同長屋が建てられるようになったという。蜂の巣のように小さい部屋が並んだので、烽窠《ほうそう》建築とも言われた（石塚裕道『東京の社会経済史』）。

2番目は棟割長屋。1棟を数部屋で構成し、2部屋が背中合わせに並んでいるから棟割といい、背割長屋ともいう。そのかわり中央通路が不要になる。部屋は3畳から6畳。たたきと台所はあったようだ。以上2タイプとも便所は共同。

あひる長屋というのもあった。共同長屋か棟割長屋かわからないが、海岸近くの低地にあるので、満潮時に床下浸水する。あひるのように水に浮かぶのである。

もう少しまともになったのが普通長屋であり、時代劇で見かけるタイプ。共同長屋より通路の幅が広がり、屋根はない。部屋は四畳半で、玄関を開けると土間と台所がある。明治になると台所に水道が敷かれ、便所は戸別に付いたらしい。

いちばんリッチ（?）なのが2階建ての長屋だ。1棟に2軒から4軒くらいが並ぶタイプで、昭和に入ると増えた。3軒並べば三軒長屋と呼ばれる。今でいうメゾネットに近い。便所は戸別に付いたし、水道も敷かれ、下水も簡易下水道が整備されたのでドブがなくなったらしい。ただし水道は飲料だけに用い、洗濯などは井戸水だっただろう。もちろん風呂はまだない。

下谷、浅草、本所、深川の細民地区では共同長屋と棟割長屋が多かったが、明治中期以降は普通長屋が旧市域全体で増え、さらに大正から昭和にかけて普通住宅から戸建ての借家が増えたらしい（中川清「戦前東京の都市下層」）。

さすがに共同長屋はもうないと思う。とはいえ、今でも荒川、足立、向島あたりには、昭和になってから、あるいは戦後に建ったと思われる住宅でも、棟割長屋が難なく見つかる。今はもう便所は共同ではないだろうが、棟割長屋と普通長屋の発展形のようなものもある。

ただし高度成長期に建ったアパートでも、四畳半とたたきと台所という様式は普通長屋そのものだったが、共同便所が普通だったので明治の長屋より悪い（私も大学1～2年の頃に住んだ。通路に向かい合ってはいないが）。

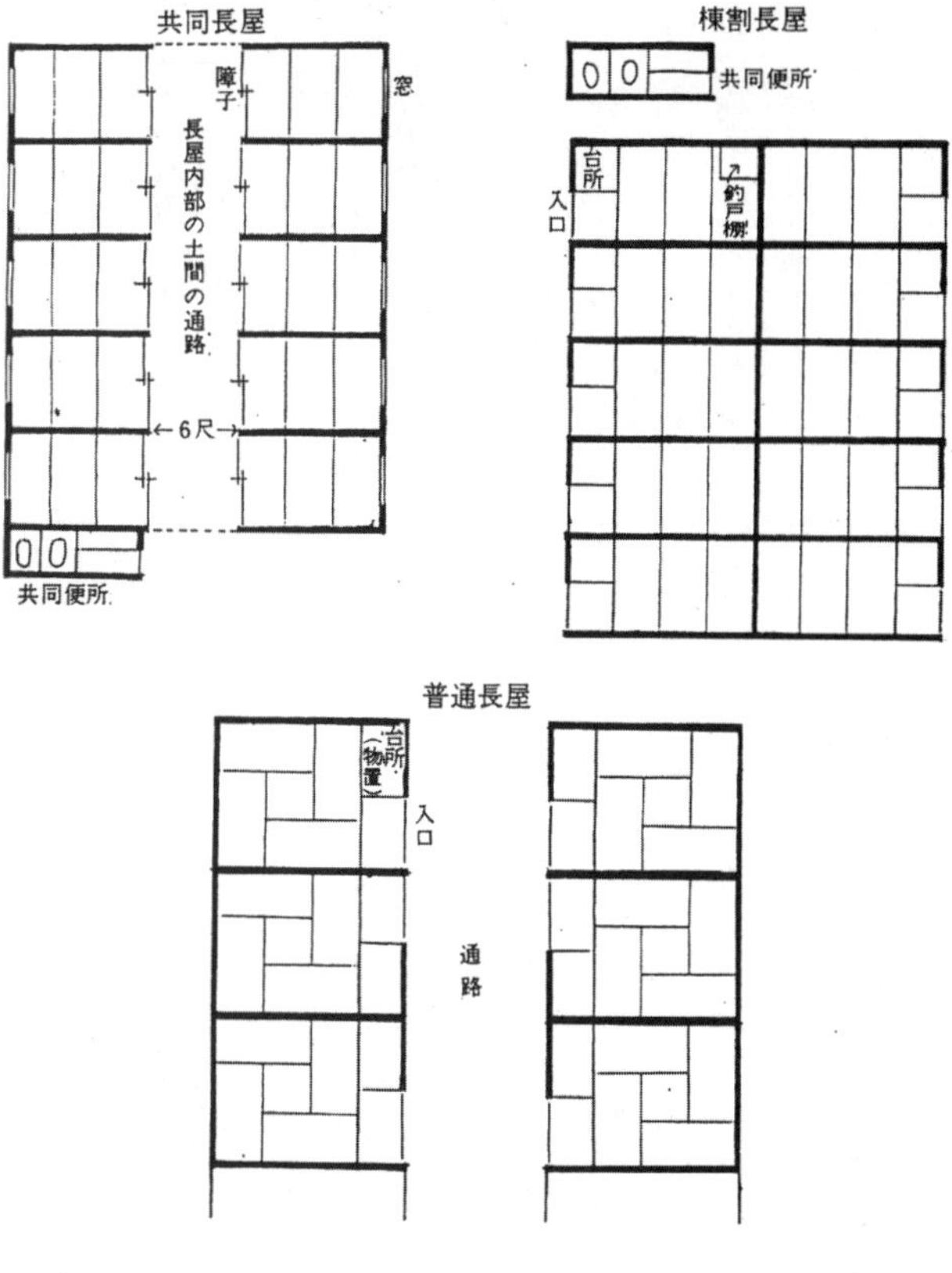

長屋のタイプ（出所：中川清「戦前東京の都市下層」）

三崎町　東京の西進を象徴する「副都心」だった

●百貨店は神田から

われわれは東京都心の中を移動するとき地下鉄、山手線、あるいはタクシーを使うのが常である。だから少し知らない街だと、たとえばＪＲ神田駅から日本橋までまっすぐ歩いて数分で着くということがわからなかったりする。それで東京メトロ銀座線の神田駅でわざわざ乗り換えてしまう。ましてや路線が異なるとますます頭がこんがらがる。小川町、神保《じんぼう》町、岩本町、秋葉原といったあたりが特にそうである（左上図）。

明治時代は、日本橋から神田須田町にかけてが東京の中心だったという。銀座はまだ栄えていない。このへんの感覚が今はわからない。市区改正事業が進むと、道路が拡張され、路面電車が走るようになり、万世橋駅ができ、今川橋、鍛冶町を経て須田町交差点から万世橋

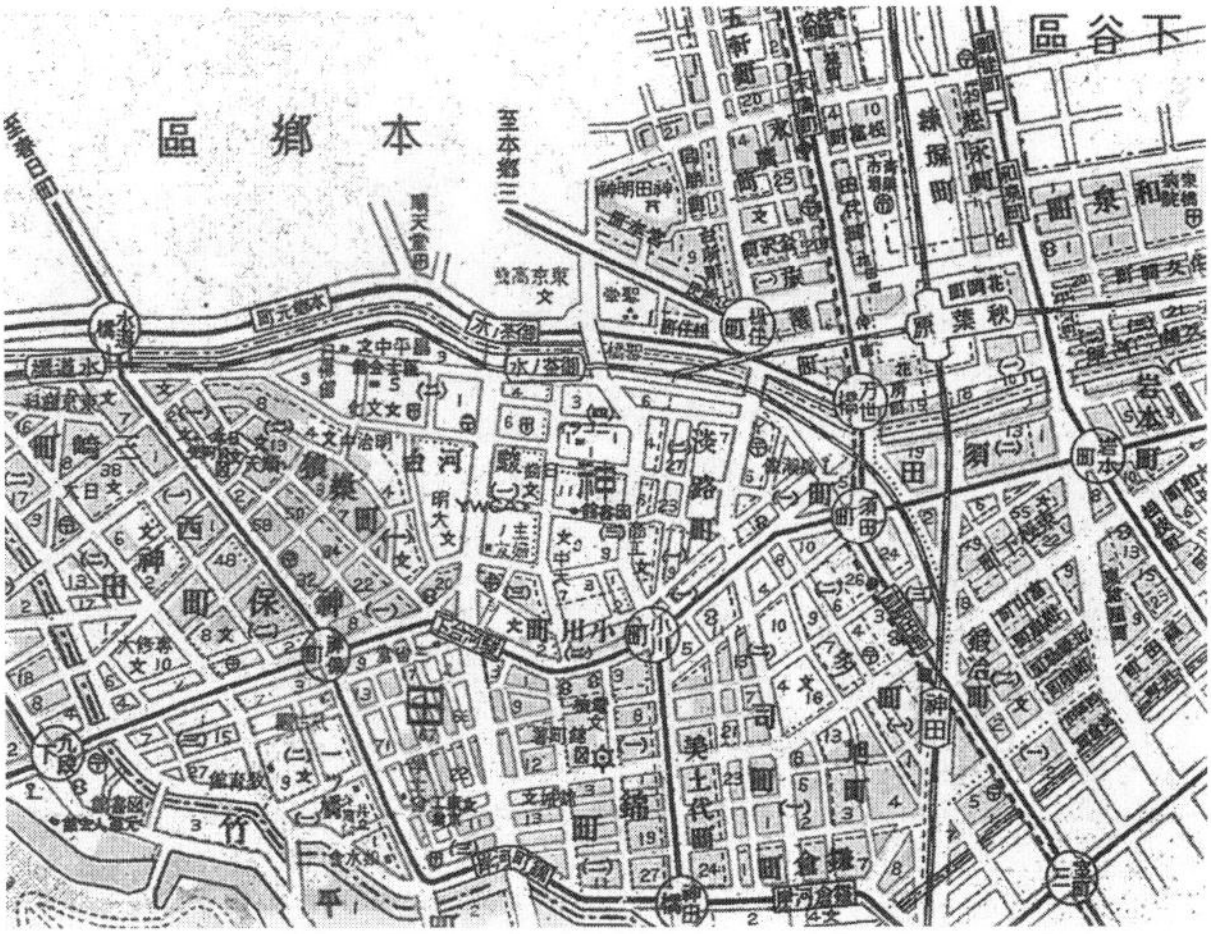

神田周辺の地図。右下隅はもう日本橋室町だ（出所：『東京都35區區分地圖帖』）

万世橋駅の絵はがき

神田創業の松屋呉服店（出所：今和次郎編『新版大東京案内』）

に至る大通りが東京随一の商店街として発展することになったのだ。

　鍛治町（神田駅東口）には1890年に松屋呉服店（現在のデパートの松屋）ができ、1907年には三越呉服店や白木屋に先だって洋館3階建ての店舗を建て、呉服以外の商品も売るようになり、デパート化に踏み出した。しかし関東大震災で焼失し、その後は銀座のビルの焼け跡に移転し、デパートの銀座進出の先駆けとなった。

　伊勢丹は1886年に神田区旅籠《はたご》町（昌平橋の北側）に伊勢屋丹治呉服店として開業した。その後、下谷の川越屋呉服店、市谷のあまさけや呉服店などを買収して業務を拡張したが、やはり震災で焼失。1923年11月に新宿売店を開設。旅籠町には１９２４年に神田店を再建し、27年神田店新館を増築した。その後本格的な百貨店化を目指して33年に神田店を閉店し、新宿店を開店、現在に至っている。

●神保町のカフェブーム

また学生街としての神田も、震災により大きな影響を受けた。１９００年には神田区に３１５軒の下宿屋があったが（特に駿河《するが》台と三崎町に多かったようだ）、震災後には33軒に激減したのである。東京商科大学（現・一橋大学）などの学校が郊外に移転した、鉄道の発達により郊外から通学が可能になったなどの影響である。

そのため15区以外の郊外に下宿屋が増え、震災前の１９１１年には３０１軒だったのが、１９３０年には６６３軒、35年には１２６９軒と倍々で増加した。

神田区の下宿屋が東京市内全体と比較しても狭いことも、不人気の理由だったかもしれない。

また１９３０年頃には神保町一帯、特にすずらん通りの南側に、カフェ、バー、飲食店、ビリヤード場などがたくさんできた。すずらん通り南側は続に「新天地」「喫茶店横町」と呼ばれていた。

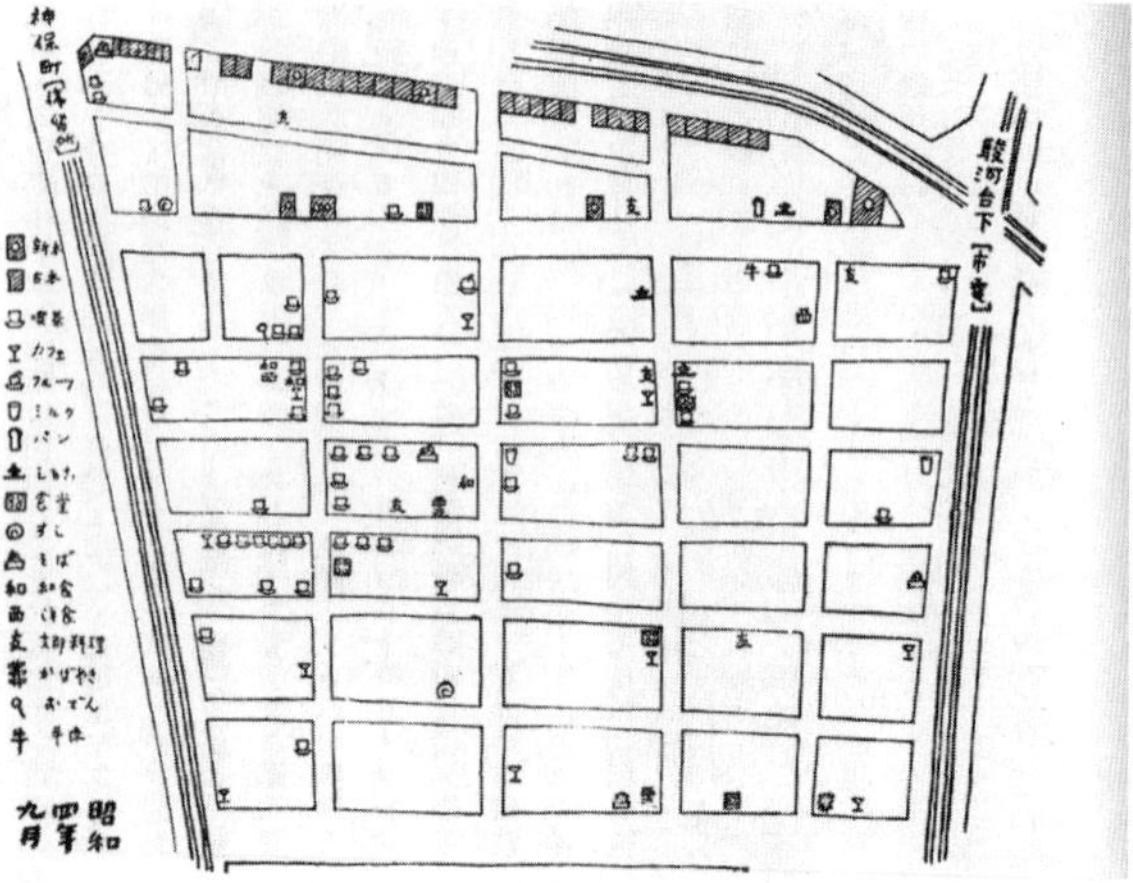

神保町のカフェ等の分布図（出所：今和次郎編『新版大東京案内』）

神田のカフェは、銀座のそれとは違って庶民的で安価であり、学生たちのたまり場になった。「この横町は神田学生街にできた喫茶街として最大のもので」、すずらん通りから角を曲がると「たちまち展開するネオンサインとジャズの狂騒曲を初めて見聞する人々は必ずびっくりするでありましょう」と今和次郎編『新版大東京案内』には書かれている。現在は再開発されてタワーマンションなどがあり、当時の名残はない。

　また、靖国通りの北側、現在は石井スポーツがあるところに昔は日活《にっかつ》の映画館があり、その北側の横丁も喫茶店やカフェが多かったという。喫茶「マダム」、カフェ「美人座」などという店もあったらしい。

神保町のカフェ街（出所：『日本地理風俗大系』）

岩崎が買った当時の丸の内の原っぱ
（出所：ジャパンアーカイブズ）

　こう見てくると、ひとくちに神田と言っても、区内の地域によっても異なるし、震災前と震災後とでは異なる。落語に出てくる大工や魚屋を商売とする威勢のいい江戸っ子たちのいる下町らしい神田というものは、必ずしもずっと続いていたわけではないようだ。震災後は、むしろデパートができ、カフェができ、モダンガールとモダンボーイ、カフェの女給《じょきゅう》がたむろするモダンな都市に変貌したとも言えるのである。

●丸の内に「竹を植えて虎でも飼うさ」

　ＪＲ水道橋駅を出て、南側、つまり後楽園ではなくて神保町の方向に、白山《はくさん》通りと水道橋西通りに挟まれた一帯がある。ここに勤め先などがない限り、その挟まれた一帯を歩くことはあまりないだろう。
　地名で言うと三崎町。古本屋と飲食店と大学やオフィスビルが混在し、ごちゃごちゃした感じなのだが、意識すると、水道橋駅東口から道が斜めに南西方向に延びており、それと直角に交わる道や45度の角度で交わる道があることに気づく。地図で見るとわかるが、水道橋駅すぐ南側の３００ｍ四方くらいがそうなっている。

実はここ、三菱財閥が明治時代に開発した地域なのだ。１８９０年、三菱は丸の内の陸軍省用地を買収して今に続く一大オフィス街をつくったが、それと同時に買収したのが三崎町だった。三崎町には陸軍練兵場があったが、ここも政府が売り出したのだ。

政府は皇居のまわりにあったそれらの軍隊を、麻布などの少し離れたところに移転する計画だったが、移転先に煉瓦づくりの立派な営舎を建設するには資金が必要だった。そのため軍用地を売りに出したのだ。

用地買収は岩崎弥之助《やのすけ》の独断だったようで、世間は驚いたが三菱関係者も驚いた。一体何のためにそんな土地を買うのかと弥之助の無謀さを非難する声もあったが、弥之助は平然と「竹を植えて虎でも飼うさ」と言ってのけたという。

●神田三崎町は副都心、東京の「西進」の始まり

こうして現在の丸の内から有楽町、八重洲に至る8万４２８０坪、三崎町２万２７４６坪が三菱のものとなり、丸の内は後年「一丁倫敦《ロンドン》」と言われる近代的なオフィス街となる。そして丸の内は都心、三崎町は副都心という位置付けで三崎町も開発された。三菱の本社（岩

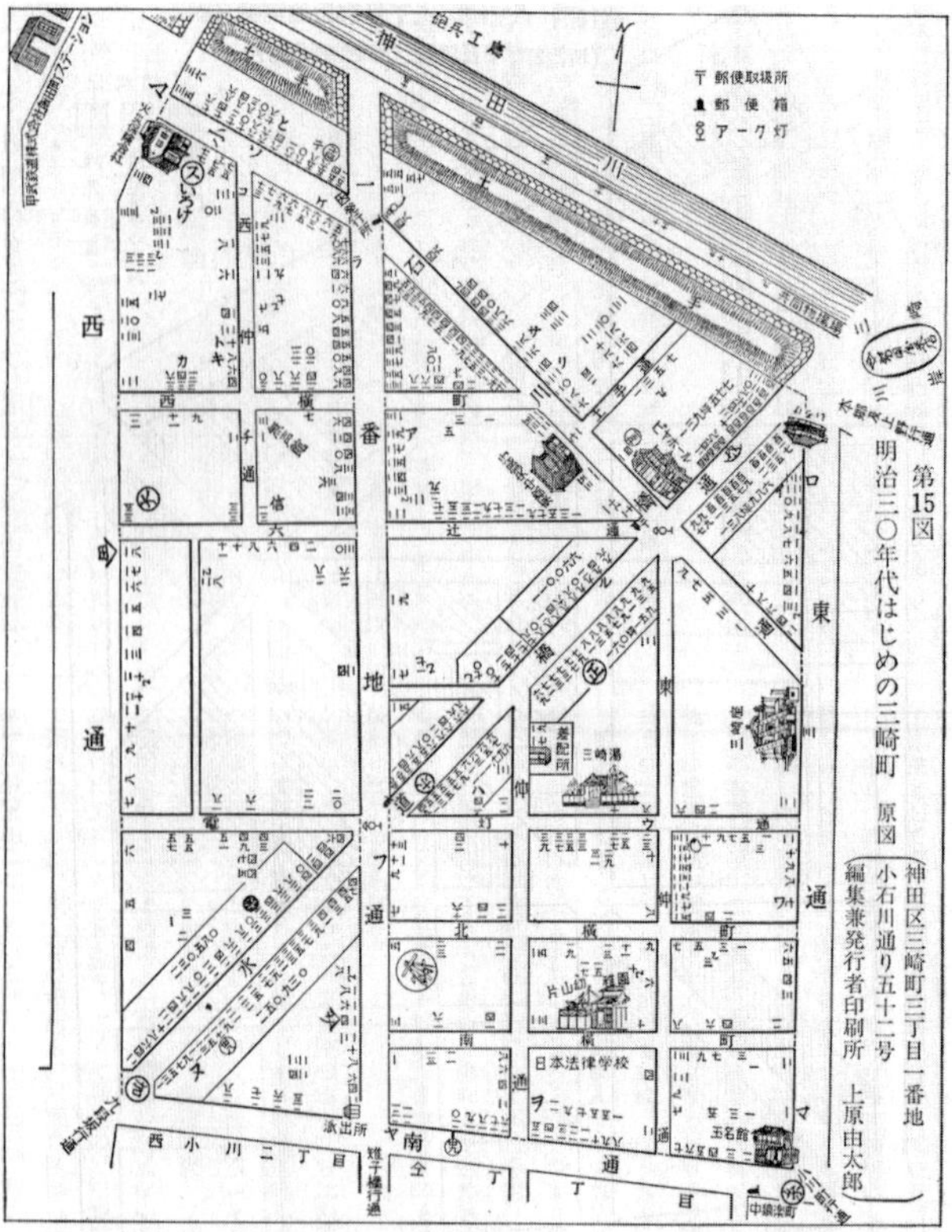

明治30年代初めの三崎町　劇場、ビヤホールなどがある

（出所：鈴木理生『明治生れの町・神田三崎町』）

崎弥之助邸でもある）は１８８８年から神田淡路町、つまり丸の内と三崎町の中間に位置していた。

三崎町は江戸時代、旗本《はたもと》屋敷地帯であった。今の三崎町、西神田、神保町、猿楽《さるがく》町、一橋、錦町一帯は小川町と呼ばれていた。もともと平川（神田川）、谷端《やばた》川、小石川の集まる湿地帯を埋め立てた場所であり、また小石川、本郷方面から火が出た場合、本丸に延焼しないように火除地《ひよけち》としての役割もあった。だから幕末以降、武家屋敷をどけて軍隊などの新機関が設置しやすかったらしい（鈴木理生『明治生れの町・神田三崎町』、以下同書参照）。

黒船が来ると、１８５４年に築地に剣術・槍《そう》術のための講武所《こうぶしょ》が設置されたが、講武所はその後、陸軍・海軍の訓練所となり、59年、海軍は場所がら築地に残ったが、陸軍は三崎町に移転した。

また武家屋敷だった土地にも明治からは町人が住むことが許可された。それまでの神田の江戸っ子たちは、今川橋から万世橋（筋違《すじかい》橋）あたりに住んでいたが、日本橋・京橋から見れば場末の住人である。それが御成道《おなりみち》（本郷通り）を越えて西側に住むことが許可されたのである。

その西側への入口が今の小川町であり、西端が三崎町であった。だから三崎町の開発は、その後１００年間にわたる東京の「西進」の始まりだったとも言えるのだ。

●もうひとつの「一丁倫敦」

先ほど書いた、水道橋駅東口から斜めに延びる道を水道橋通りという。これは昔「煉瓦道」と呼ばれていた。この通りに面して４００ｍほどの「一丁倫敦」が建設されたからである。

１軒が幅２間《けん》、奥行き４間、３・６ｍ×７・２ｍの商店が並んだ。手前が店で、奥に５畳の和室、押入れが１畳分あり、板の間２畳分を挟んで土間があり、隅に台所と便所。職住一致の商店だった。商店街へのテナントの入居は、商店街の裏にある「差配所」（管理事務所）に住んでいる三菱の社員が行った。

煉瓦街には店10軒おきくらいに防火用のアーチ状のトンネルがあった。街路にはアーク灯が６カ所、電灯が７４７カ所設置された（２０１９年に私は台北へ行ったが、おそらく日本が植民地時代に建設した、同じ様式の煉瓦づくりの商店街がたくさん残っていた）。

各商店には風呂はなかったので、現在の日大10号館の位置に銭湯「三崎湯」もつくられた。

今もあれば見てみたいのだが、残念ながらこの商店街は１９２３年の関東大震災で焼失し

台北の煉瓦街。銀座にも三崎町にもこのような街並みがあったという

た。だが、もともと埋立地であるから地盤が悪いので、基礎は相当しっかりつくられたらしく、その後のビル建設などで土地を掘ると頑丈な基礎が出てきて、建設業者を悩ませたらしい。

●娯楽の集積

三崎町には娯楽施設も多かった。芝居小屋は3つあり「三崎町三座」と言われた。まず三崎座は1891年開業で、女役者だけの小屋として人気を博した。中心は市川粂八《くめはち》という名女優。九代目市川團十郎《だんじゅうろう》の弟子である。白山通りの一本西の三崎神社通り沿いにあった。神田川沿いの有名料亭「富士見楼《ろう》」では、三崎座の女優たちを芸者代わりに呼ぶこともできたという。

川上座は「オッペケペー」で有名な川上音二郎《おとじろう》

東京座（芝居小屋）の絵はがき（画像提供：イマジンネット画廊）

によるもので、１８９６年開業。妻の貞奴《さだやっこ》と共に欧米を巡業して人気を博したことは有名。貞奴は伊藤博文らのひいきを得た人形町の人気芸者だった。

東京座は三崎町の３つの芝居小屋中最大で、洋風２階建て、２００人は入る規模だが、場内には一本の柱もなかった。１８９７年に開業。初代市川猿《えん》之《の》助《すけ》ら、團十郎門下の若手が出演した。

●モダン都市としての発展

明治時代にはパノラマという娯楽が流行した。円環状の壁面全体に精巧な風景画を描いて中央の観覧者を取り囲むようにし、目の前に遠大な情景が広がっているように見せるもので、パノラマを主とした施設は「パノラマ館」と呼ばれ世界中で流行した。三崎町には帝国パノラマ館と神田パノラマ館があり、九段下には国光館パノラマ館があった。

勧工場《かんこうば》もあった。ひとつの建物の中に多くの店が入り、いろいろな商品を即売した場所であり、最初は１８７７年に開催された第一回内国勧業博覧会の売れ残り品を、東京府が麹町で展示販売した。この勧工場が三崎町にも１８８２年にできた。名称は「三崎町勧業場」であった。周辺には小川町勧工場、表神保町の東明館、飯田橋駅近くの九段勧工場などがあった。

●キングスレー・ホール

娯楽だけでなく社会事業を行うセツルメント「キングスレー・ホール」も三崎町にできた。セツルメント（settlement）は「定住」という意味だが、その事業は貧困者の収容、救済を行い、かつ教育や授産（職業教育）を行って自立を支援する生活改善運動であり、１８８４年にイギリスで設立されたトインビー・ホールを最初とする。これに感銘を受けた片山潜《せん》が１８９７年に開いたのがキングスレー・ホールである。「基督《きりすと》教社会事業の本営」として設立され、労働者教育型のセツルメントを構想し、労働者階級への学習会、三崎町幼稚園の経営などを中心に活動が展開された。片山は、社会主義、労働運動の啓蒙《けいもう》、普通選挙の実現や反戦平和の運動など多彩な文筆活動、実践活動に専念し日本の社会主義運動に偉大な足跡を残したが、１９１４年、弾圧を逃れて渡米し永遠に日本に帰らなかった。

モダンな都心建設と多様な娯楽場、そして社会事業が同じ三崎町にあったのだ。１９１９年、都市計画法が制定され、東京府社会課が設置される時代を先駆けていたとも言えるだろう。

このように第一下町の動きを概観すると、熊さん、八っつぁんのような職人が長屋に住んで働く、という落語のようなイメージは、明治以降どんどん古くなっていったことがわかる。もちろん、貧乏長屋も貧民街もあったが、時代は下町を近代都市の都心に変貌させていったのである。

下町寄り道写真館
その１　郵便受け

山の手の住民と比べると下町の住民は届く郵便の数が少ないかもしれない。だから郵便受けもちょっと簡易的なものになる。

II. 第二下町

～浅草・下谷・芝～

台東区　明治期に下町と呼ばれるように

●20世紀初頭に浅草周辺部の人口が増加

先に見たように、日本橋、京橋、神田という第一下町では人口は１９００年から20年に減少しているのに対して、浅草区では１９００年の人口が15万６０００人だったのが20年には25万６０００人に増加。また下谷区12万８０００人から18万３０００人、芝区13万５０００人から17万９０００人、本所区13万７０００人から25万６０００人、深川区11万人から18万１０００人と、都心周辺の第二下町で人口が増加した。

浅草以下５区の人口を合計すると66万６０００人から１０５万６０００人と約40万人増加している。15区全体の増加70万人のうち40万人が第二下町で増加したことになる（したがって残り30万人弱は麹町、本郷などの西側山の手で増加した）。

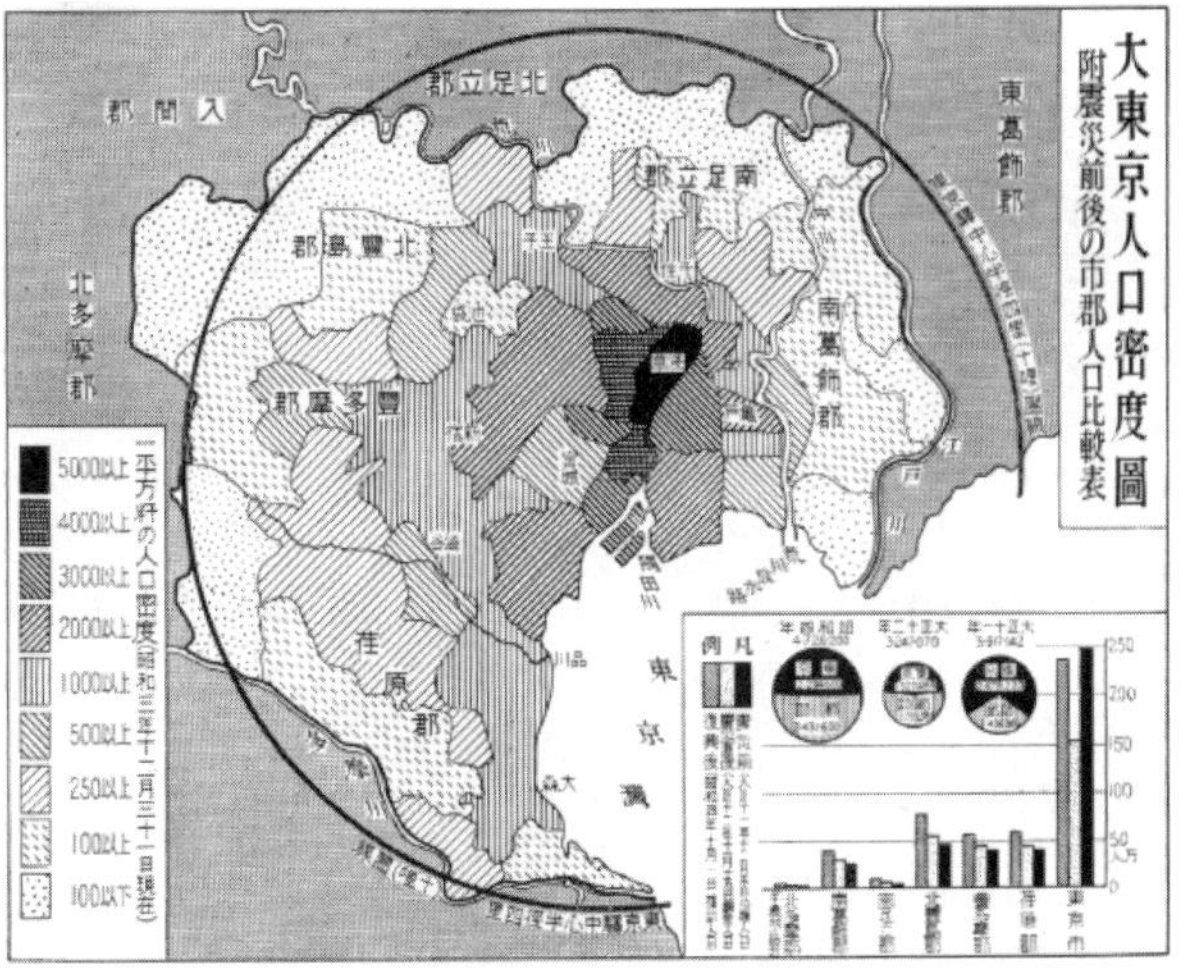

浅草区は15区の最大人口密度だった（出所：『日本地理風俗大系』）

また１９２０年の浅草区の人口密度は15区内で最大であり、１平方キロメートルあたり約５万４０００人だったというから、大変な密集ぶりである。

●江戸時代から栄えていた地域の人口は増えなかった

では、台東区の中のどこで人口が増加したのか。旧浅草区における１８７２年（明治５年）から１９２０年（大正９年）にかけての人口変動を見てみよう。

まず、人口があまり増えていない地域を見ておく。第一は田原町。１８７２年に２０００人以上いたが、１９２０年もほぼ同数だ。

そして三好《みよし》町、黒船町、諏訪《すわ》町、新猿屋《しんさるや》町、三間《さんげん》町など。これらは現在だと浅草の南側の駒形、寿《ことぶき》、蔵前《くらまえ》のほうである。

それから茅町《かやまち》、榊《さかき》町、新須賀《しんすが》町、旅籠町なども増えていないが、これは浅草橋のほう。

要するに今の総武線から浅草寺にかけての隅田川沿岸の一帯は、江戸時代から栄えていたので、明治以降はあまり人口が増えなかった。

旧下谷区では中根岸町が１８７２年以来３０００人ほどで、１９２０年にはやや減少している。ここは今の根岸３丁目から４丁目で、古い居酒屋の鍵《かぎ》屋があったり、落語家の林家三平、俳人の正岡子規《しき》、書家の中村不折《ふせつ》が住んだりと、山の手的な文化人地域である。言問《こととい》通りで根津からつながっており、文化的には「谷根千《やねせん》」から連続する地域と考えてもよい。

そもそも根岸とは『東京の町を読む　下谷・根岸の歴史的生活環境』（陣内秀信・板倉文雄）によれば、江戸時代、人口増加によるスプロール化により生まれた地域であり、１７４５年にすでに町奉行支配下の江戸市内の町並地として統轄されている。

町並地としては本所、浅草、小石川、牛込、四谷、麻布が１７１３年に代官支配地から町奉行支配地に変わっているので、根岸はそれから少し遅れて町並地となったのである。言い換えると、江戸時代に町並地になった地域は20世紀の第二下町と重なり合っている。

　しかしそれらの町並地は商業活動の中心地からはずれた「場末」であり、人口の多くは元禄時代以降に流入した下層民であって町人ではなかった。住民のほとんどは店借人《たながりにん》であり、土地借人ではなかった。土地を借りるほどの財力はなくあくまで店を借りたのである。

　下谷、谷中、本所では全戸数の72～75％が店借人であり、深川では80％以上がそうだった。下谷の金杉通り沿いでは借地率が７割前後であり、場所によっては１００％借地であった。地主は、大きな土地を持つ人ほど都心にいた。１９１２年の土地所有状況を見ると、１０５筆《ひっ》を持っている大地主は京橋、72筆を持っている地主は日本橋におり、40～50筆を持つ地主は浅草に２人、南千住に１人。20～30筆を持つ地主は浅草に１人、10～20筆を持つ地主は浅草に２人、神田に１人。10筆未満しか土地を持たない小規模地主になってようやく、下谷に住む者が登場する。このように、下谷の土地はほとんどが第一下町か浅草の地主に所有されていたのである。言い換えると、江戸時代以来の場末としての性格が明治期までそのまま引き継がれ

根岸の有名な居酒屋・鍵屋

ていた（前掲書）。

●荒川区に近い低地で貧困層が増えた

他方、人口が増えたのはどこか。旧浅草区では、千束《せんぞく》町が2万8000人ほど増えている。それもそのはず、千束町はそれまでまだ湿地帯であった（湿地帯の一部を埋めてつくったのが今の吉原だが、ここでいう千束町には吉原の人口は含まれない）。

それから田中町（現・東浅草）が1万人、玉姫町（現・清川）が約6400人、橋場町が約7000人増加している。

また、向柳原《むこうやなぎわら》町が約8000人、小島町が約8000人、元鳥越町が約6400人、松葉町（現松が谷）が約6000人増加するなど、浅草から浅草橋にかけての山手線側でも人口増加の激しい地域が多い。

旧下谷区では、入谷《いりや》町が629人から約2万6000人増、竜泉寺《りゅうせんじ》町が635人から約1万8000人増、御徒町《おかちまち》が約1万1000人増、竹町（現・台東2～4丁目）が約1万1000人増などとなっている。

このように浅草寺の北側から上野駅東側にかけて、荒川区に近い、1872年頃はまだ田

図表2−1　台東区で1872〜1920年に人口が5000人以上増加した町で1920年時点の人口が5000人以上の町

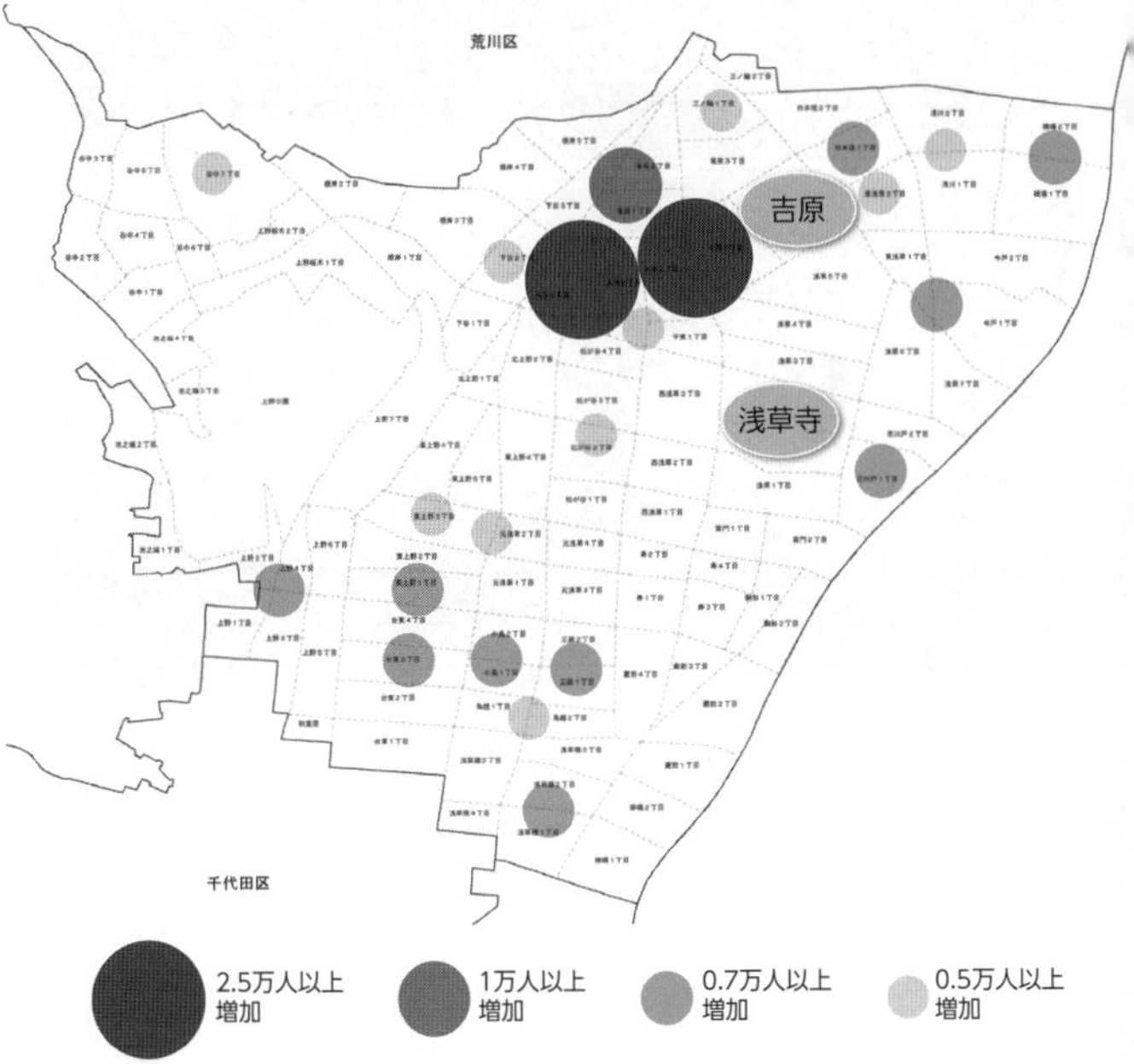

出典：『台東区史』から三浦展作成

浅草寺の北側の町並み（2011年撮影）

んぼであったような低地で人口増加が激しかったのである。

　このように台東区でも、江戸時代はまだ栄えていなかった地域に新しい人口が流入した。だがそれは、貧しい労働者階級が増えることを意味する。先に見たように、神田橋本町などの貧民層が神田の再開発によって押しやられてきたのである。

　速水融《あきら》『歴史人口学の世界』によれば、江戸時代の町人の平均寿命は農民より短かった。また民俗研究者の岩本通弥《みちや》によると、都市の死亡率が農村より低くなったのは、なんと1920年代以降である（「都市憧憬とフォークロリズム」）。

　火災が多い、危険な仕事や身体に悪い仕事

が多い、疫病《えきびょう》が流行りやすいなどの理由で都市人口の死亡率が高かったのであろう。それがおそらく医学の進歩などにより都市部の人々の衛生、健康状態が改善し、寿命も延びたのだと思われる。

火災について見てみると１８８４年から１９１２年に東京市15区内では年間平均１３８１戸が焼失しており、特に浅草区では３８１戸、神田区では２４４戸が毎年焼失した。いかに江戸・東京に火事が多かったかがわかる（石塚裕道「東京の都市下層社会と「細民」住居論」）。

また１９２１年の調査によると、たとえば浅草の田中町（現・東浅草）にあったスラムでは居住者１０４４人中、なんと２３９人が１年間で死亡している。死因は肺炎・気管支炎が24人、下痢・腸炎が35人、肺結核が33人であった。その他のスラムでも四谷旭町（新宿駅南口あたり）、下谷金杉本町、深川富川町・猿江裏町では１割以上が死亡している（石塚裕道「東京の都市スラムと公衆衛生問題」）。

このような状態であるから、都市は「貧民細民の溜まり場でもあり、繁栄ではなく貧困の象徴としても語られていた」（岩本前掲論文）。浅草は娯楽都市として繁栄し、銀座はモダンな消費都市として繁栄していたが、一歩そこから踏み出せば、衛生状態の悪いバラックのよ

玉姫御殿の近くは山谷の無料宿泊所地帯

うな長屋に住む貧困層が大量に存在していた。

●「玉姫御殿」とは？

このように貧民・細民の多い地域ではあったが、だからこそ新しい試みもあった。前述の玉姫地区には、「玉姫御殿《ごてん》」と言われた煉瓦づくりの長屋が1911年9月につくられた（正式には「浅草玉姫町東京市公設長屋」）。

これは東京市による公営住宅で、託児所（保育園）や職業紹介所も併設された。現在も同じ場所に都営石浜アパートと玉姫保育園とハローワークが並んでいる（隣接して山谷の木賃宿〈簡易宿泊所〉が並ぶ地域がある）。

玉姫御殿がつくられたきっかけは、１９１１年4月に吉原で起きた大火事である。たくさんの人々が焼け出され、住まいや仕事を探すことになり、仕事中に子どもを預ける場所が必要になった。そこで、集まった義援金などを元に、東京市は長屋と保育園と職業紹介所をつくったのである。

設計は東大建築学科を卒業した東京市役所職員が行った。長屋は2階建てが6棟。全部で98戸。１階が商店で2階に住むタイプもあった。防火仕様であり、東西の壁（次ページの図で線が太いところ）が煉瓦で廊下の床はコンクリート、１階の天井は鉄板張り、住棟間には延焼を防ぐ樫《かし》の木が植えられた庭がつくられた（次ページの図で上段の右から2列目と3列目の間のことだと思われる）。

部屋の間取りは今風に言うと2Kで、2畳と4畳半の2室。1階の家には庭もあった。電気の照明、台所にはガスと水道が敷かれた。風呂は共同風呂。結婚式などが開けるようにと集会所もあった。当時としては最新設備だったので、「玉姫御殿」と近所の人々が呼んだのである。

11月には浅草職業紹介所ができた。仕事を探しに来た人のため、宿泊できる部屋や風呂も

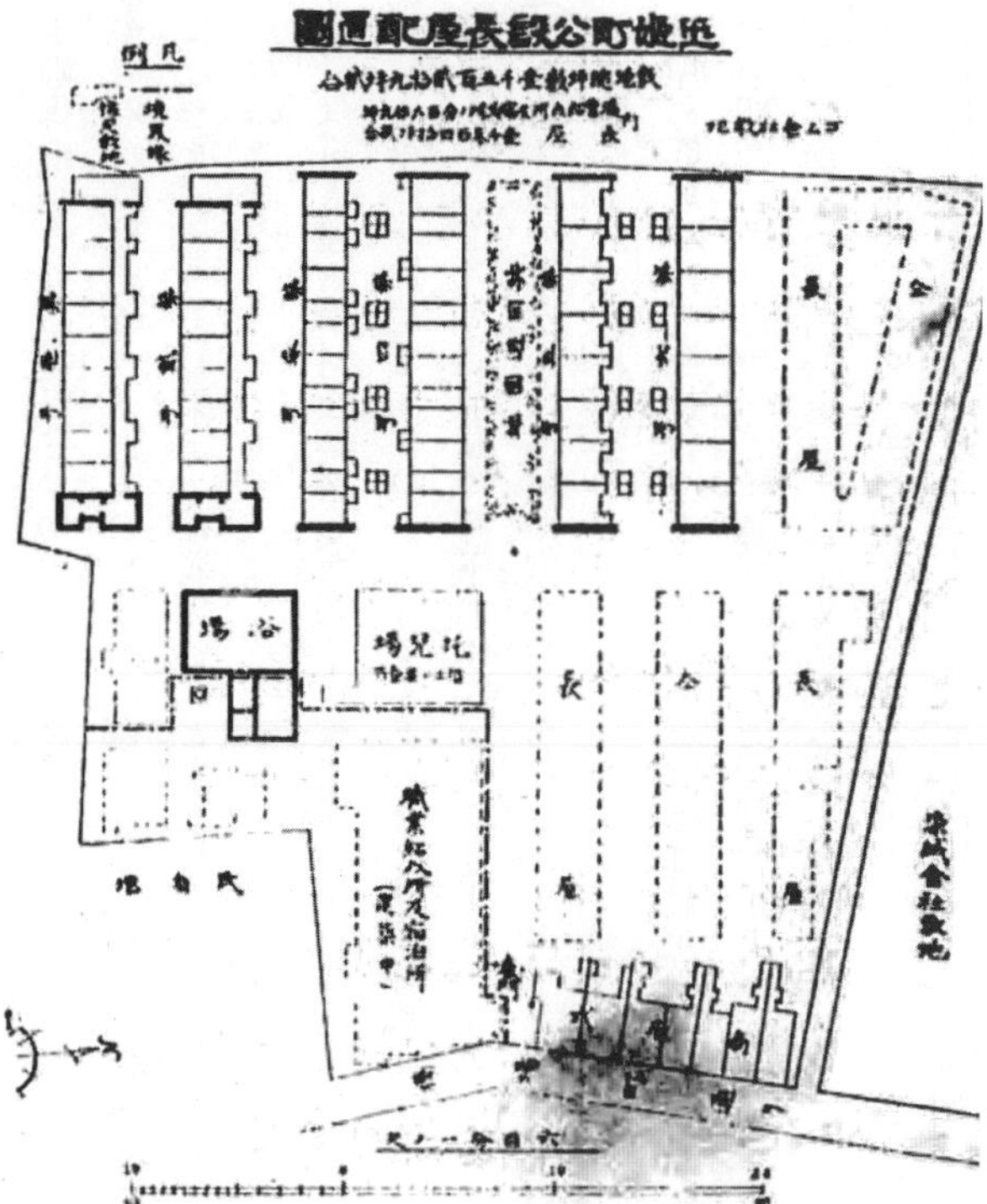

玉姫町公設長屋配置図（出所：東京市浅草区編『浅草区誌下巻』）

あった。12年3月には託児所ができた。板張りの40畳の遊び場があり、給食やおやつも提供された。

　こうした動きに刺激されたのか、立憲政友会も自分たちの機関紙により募金を集め、総理大臣だった原 敬《たかし》、弁護士だった鳩山和夫、精養軒ホテル、うなぎ屋の竹葉亭《ちくよう》などからも資金が集まった。立憲政友会は、東京市長だった「立憲の神様」尾崎行雄《ゆきお》らと相談し、山谷の近くにあった、子どもが働きながら勉強をする小学校のために募金を使うことに決めた。玉姫御殿と同じような2階建て3棟を建て、託児所や風呂もつくった。１９１２年4月のことである。落成式には渋沢栄一や板垣退助からも祝辞《しゅくじ》があった（ちなみに保育園という言葉をつくったのは渋沢栄一である）。

●生活に密着した産業と娯楽産業が多い

　次に台東区の人口を産業別に見てみる。１８９８年の東京市勢調査によると、従業者自体が多かったのは菓子類販売業（お菓子屋）で、２４２０人いた（『台東区史』）。

　次いで被服類販売、コメ販売、酒・味噌・醤油類販売、野菜及び果物販売、書画骨董《こっとう》類売買などが１３００人以上と多い。

台東区には下駄や鼻緒の問屋が多かった（出所：『日本地理大系』）

台東区が東京15区全体に占める割合の高い業種を見てみると、台東区にしか存在しない仲買《なかがい》業種として、陶器仲買商、皮革仲買商、空樽《あきだる》仲買商（酒の樽の空いたものを醤油業者などに転売した）、紙屑《かみくず》仲買商の4業種があった。

また、下駄《げた》材料仲買商は93％が台東区。以下、麻袋、小間物《こまもの》、廃物、薪炭《しんたん》、紙、酒、牛馬、古着の仲買商は、東京市内の5割以上が台東区にあった。台東区は生活必需品の問屋街だったと言える。

その他の商業で台東区の割合が高いものとしては、皮革屑商88％、襤褸《ぼろ》商80％、古麻袋商76％、廃物商67％、硝子《ガラス》屑商64％、護謨《ゴム》屑商57％、毛屑商56％など。いわばリサイクル業者の多くが台東区にあった。これらの業者が大正時代になると、荒川区方面に押し出されていくことになる。

東京一の娯楽地である浅草を有しているので、娯楽関係産業も多い。囲碁会所営業は東京市全体の67％、活動写真業は55％、演劇興行は42％を台東区が占めた。

また料理店及びその他の飲食店が６７５１人であり、東京市全体では２万４４２０人だったから４人に１人が台東区にいたことになる。

●まず泳ぎを習え！

玩具および遊戯《ぎ》品販売業も、東京市の33％が台東区であった。玩具類販売は大正時代になっても台東区の有力産業であり、１９１９年には東京市の48％に増加した。

玩具が伸びたのは、当時、日本橋三越などの百貨店が子ども向けの商品の開発に力を入れており、毎年児童博覧会を開催するほどであったことが影響しているらしい。

１９１１年には東京玩具研究会が設立され、学者なども協力して良質な玩具の研究開発が行われたという。明治末期から大正にかけては、住宅内でも子どもを重視する傾向が台頭し、赤い鳥などの児童文学も栄えた。そのことが台東区のおもちゃ産業にも大きな影響を与えたのである。

おもちゃの製造についても当初は台東区内にも多かったが、その後は荒川区、葛飾区などへと製造現場が移転拡大していく。お菓子の製造工場も墨田区、荒川区、足立区などへと移転拡大していったのである（１６８ページ参照）。

革工場も区内に多かったが、１８９３年に警視庁が東京市内の革工場を10年以内にすべて市外へ移転すると布告した。そのため区内の製革業者の多くは現在の荒川区、墨田区方面に移転した。

ともに人里離れた湿地帯の中にあり、工場はしばしば大洪水に苦しめられた。製革業になるならまず泳ぎを先に習えとすら言われたほどだったという。

佐竹

日本で2番目に古い商店街の波乱の歴史

●武家屋敷が商店街になった

　東京には「日本で2番目に古い商店街」が存在する。台東区の佐竹商店街である。今の地名では台東区3～4丁目だが、昔は竹町といった。東京メトロ日比谷線の仲御徒町駅の東側、都営大江戸線新御徒町駅の南側にある。清洲《きよす》橋通りに佐竹通り南口という交差点があり、そこが商店街の南端にあたる。商店街の入口に台東区教育委員会の説明板が立っており、「佐竹家上屋敷・佐竹っ原跡」と書かれている。入口から東へ信号を渡ると小島1丁目であるが、そこには昔「三味線堀《しやみせんぼり》」という掘割《ほりわり》があった。

　佐竹商店街の竹盛会（関東大震災以前は共睦会といった）が設立されたのは１８９８年（明治31年）だ。ちなみに最も古いのは１８９０年に組合を作った、金沢市の中心街にある

商店街のアーケードにも日本で２番目に古い商店街であることが垂れ幕に書かれている

片町商店街だという。１９０３年には長崎市の浜市、04年には心勇会（心斎橋筋商店街）、05年には大分市の尚栄会、07年には東京神田小川町連合会、京都の新京極連合会、横浜の馬車道商栄会が設立。09年東京人形町商誠会、横浜の伊勢佐木一丁目・二丁目会、10年心斎橋筋・戎《えびす》橋筋連合会や栄商会（道頓堀商店街）、11年三泉市場通商店街、12年共栄会（渋谷道玄坂商店街）等と続く（佐竹商店街ホームページより）。

佐竹という地名は秋田藩主の佐竹氏に由来する。佐竹商店街一帯は、江戸時代は佐竹藩の上屋敷だったのだ。

以下、都市史家の小林信也の著書『江戸の民衆世界と近代化』により概説する。屋敷の敷地面積は1万６０００坪。それが建物ごと陸軍省のものとなった。陸軍省が何もしないうちに、建物は１８６９年の火災によってほぼ焼失。荒廃した土地だけが「佐竹が原」と呼ばれて残っていた。ぼうぼうと雑草が茂り、ヘビや蛙がはびこっていたそうだ。

１８７９年に土地は陸軍省から東京府に移管されて東京府のものになり、竹町12番地となった。翌年、そこが東京府勧工場附属地として民間に貸し出された。

前にも触れたが勧工場とは日本における百貨店の原型のようなものであり、当時流行した博覧会を常設化し、展示だけでなく販売する場所だった。工業を勧業する場所という意味であろう。１９０２年時点で銀座、浅草などに27カ所の勧工場ができ、最盛期を迎えた。

1908年頃の三味線堀の風景（出所：山本昇雲画／『新撰東京名所図会　第五十四編浅草之部』［台東区立中央図書館蔵］）

●岩崎弥太郎の土地が花やしきの経営者の所有へ

土地を借りたのは三菱の岩崎弥太郎。岩崎が社長を務める郵便汽船三菱会社が神田に設立した商業学校の移転用地にする狙いがあった。

ところが岩崎と東京府は借地条件の調整が付かず、学校は建てられなかった。そこで今度は東京憲兵本部が岩崎の許可を得て、練兵場として借地を願い出た。だが東京府は、岩崎と憲兵本部が勝手に交渉を進めたとして願い出を拒否した。

結局、１８８２年（明治15年）に岩崎は東京府に土地を返還。翌83年には熊谷直温ら４人が借地を願い出て許可され、彼らが土地を整備した。

熊谷らは、もともとは武家屋敷であるから池や築山《つきやま》があったのを整地して、井戸を掘り、街路を格子状につくり、まわりの堀にかかる橋を架け直した。

そして自身らが物品陳列所委員を務める勧工場をつくり、三井呉服店の三越得右衛門《とくえもん》をはじめ、11の業者が陳列所を設けた。休息所を兼ねた茶店、弁当店、盆栽や盆栽鉢の店、写真店、魚問屋・乾物屋が営む諸国名産販売店、小鳥屋などがあった。

なお業者の中には盆栽店を出した森田六三郎と、盆栽鉢店を出した島田惣兵衛《そうべえ》がいた。森田は浅草で花やしきを経営する人物であり、島田は森田の後ろ盾、代理人であった。

●遊園地のような場所

当初、佐竹が原は道化《どうけ》などの芸能や見世物、遊技場、温泉場などの興行地としても開発されようとしていたそうだ。つまりミニ浅草であり、花やしきのようなものだったのだろう。

実際の興行については、浄瑠璃《じようるり》の公演もあったようだが、面白いのは大仏である。これは彫刻家高村光雲の発案で、高さ18m近い張りぼての大仏を光雲自身が制作し、大仏の中を人が見られるようにし、物品も展示し、大仏の上から展望する場所を設け、最後には閻魔大王の踊りを舞台で披露するという、何だかハチャメチャなものだったらしい。

そもそもこうした興行は、それ以前は秋葉原で行われていた。秋葉原は１８６９年の大火で焼失した神田相生町一帯が火除明地となり、鎮火神社が創設された場所であるが、そこに浅草、両国の広小路、筋違橋の広小路で興行していた芸能、見世物が移転してきたのである。ところが、佐竹が原が開発されるとそれらの興行が移転したのだという。

だが佐竹が原は１８８４年9月の台風で大きな被害を受ける。興行も消え失せてしまった。すると今度は、人家が建ち始めた。家が増えると店も増え、大衆的な飲食店もでき、最後には竹町という市街地、つまり「新開地」ができたという。興行小屋の復活も企図《きと》されたがうまくいかなかったらしい。

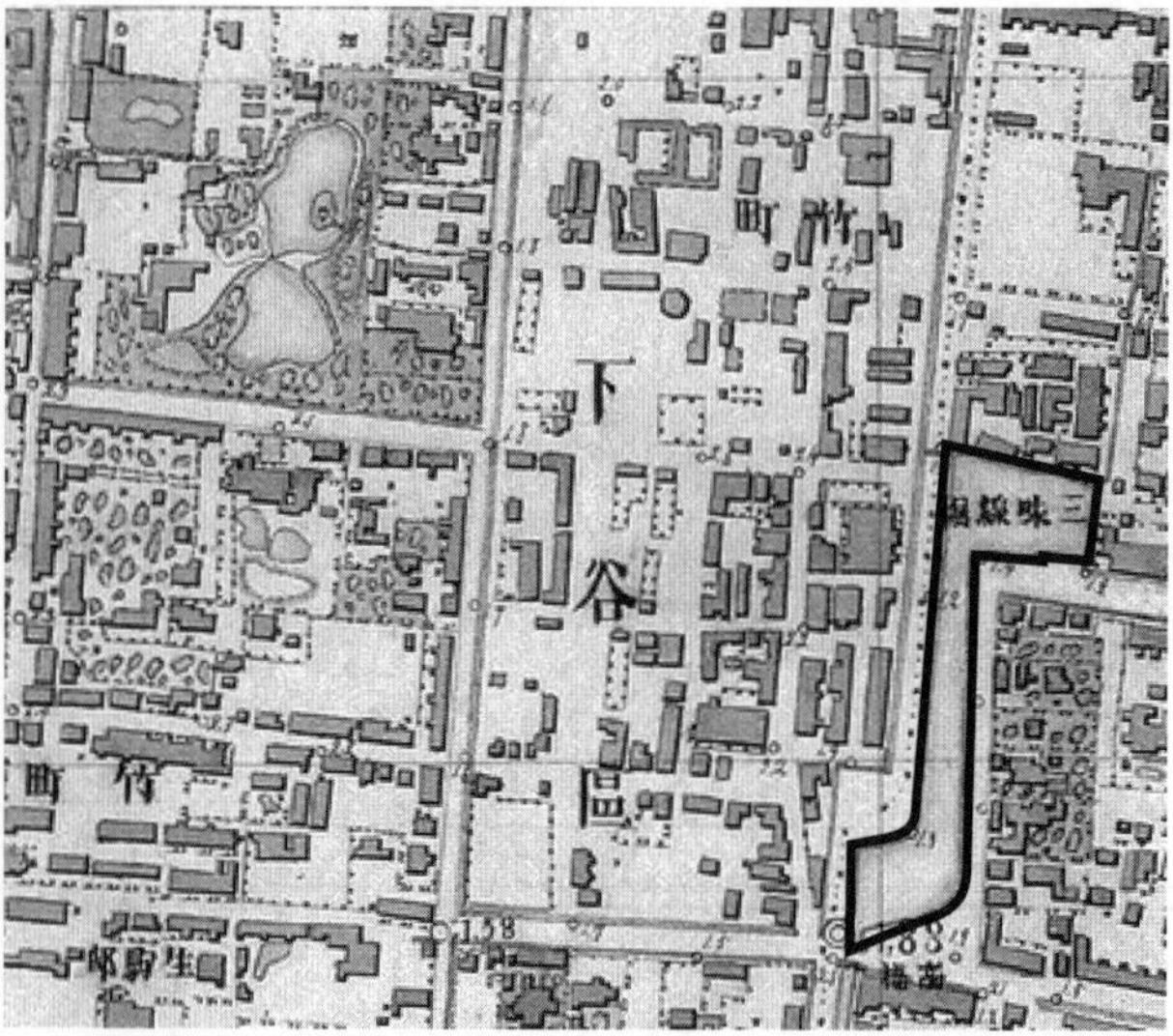

1884 年参謀本部作図の 1/5000 地図による佐竹屋敷跡
（出所：佐竹商店街振興組合ホームページ）

１８９０年代に入った頃には人口も３０００人近くに増えた。『最暗黒の東京』の著者でジャーナリストの松原岩五郎が当時、佐竹が原を取材している。

２０００軒の棟割りの連続した商店があり、馬肉屋が繁盛を極め、そば屋、うどん屋、寿司屋、煮売り屋、揚げ物屋、飯屋、餅屋、居酒屋、よろず屋、がらくた屋、芝居小屋、寄席など無数の店が毎月のようにどんどん新しく出店し、「一種異様」な雰囲気を生み出し、夜12時まで雑踏《ざっとう》で賑わっていた。下町随一と言っても過言ではない大衆盛り場が戦前にはあったらしい（鈴　与志路「三味線堀と佐竹通り」）。

何だか展開がものすごく速いが、これが急激に変貌する明治の東京のパワーなのであろう。実にダイナミックで活気に溢れている。

さらに１８９７年に出された『新撰東京名所図会』によると、佐竹が原は、中央を貫通する道路（つまり今の佐竹商店街であろう）の両側の裏手には棟割長屋が並び、今風に言えば、土木作業員、日雇い労働者、あるいは人力車の車夫、辻芸人、占い師、縁日商人、マッサージ師などの職業の貧しい人々が密集して住んでいたらしい。

だが、東京市の『東京市内商店街ニ関スル調査』によると、商店街の顧客は付近の住民、山の手のサラリーマン、その他で、それぞれ3分の１ずつ。労働者は顧客の5分の１。食料品店が商店全体１１６店のうち11店だけで、そのうち5店は和洋菓子店であった。

この数字を紐解くと、佐竹通りは付近の労働者などの住民だけが訪れる商店街とは異なり、衣料品の専門店街として広い商圏を持っていたらしい。今で言えばファッションビルや駅ビルのような品揃え、客層だったのだろう。

今の佐竹商店街は、シャッター通りというほどではないが、正直寂《さび》れた感じは否めない。それがむしろ味を出しており、痛切なる感覚があって散歩をするにはふさわしい、などと

1935年の佐竹商店街（出所：東京商工会議所『東京市内商店街ニ関スル調査』1936）

言っては失礼か。

貧しい人々が密集していたという場所も、今では多くがマンションに建て替わりつつある。近くのアメ横の、買う方だけでなく売る方の人も世界中から集まっている活気溢れる状況こそ、現代の佐竹商店街にあたるのであろう。

現在の佐竹商店街

佐竹の周辺に残る古い家

芝

落語の世界とはまったく異なる西洋家具の時代

●山の手だった場所が工業化により下町的に

芝といえば落語の「芝浜」である。現在の山手線の浜松町から田町にかけて、鉄道のすぐ横は海だった。落語では魚屋がまだ暗いうちから魚を仕入れに来て、眠気覚ましに冷たい海で顔を洗うと、ふとそこで300両という大金を拾う。

その芝浜は、明治以降次第に工業地帯になる。代表は東芝。「東京芝浦電気」である。その他には東京電力、東京ガス、日本電気、沖電気、日本光学（ニコン）、森永製菓など、日本を代表する企業が芝浜松町、芝田町周辺にできた。落語とはまったく異なる風景がそこに生まれたわけだ。

こうした工業化により、芝区の人口は1872年（明治5年）には5万6000人だった

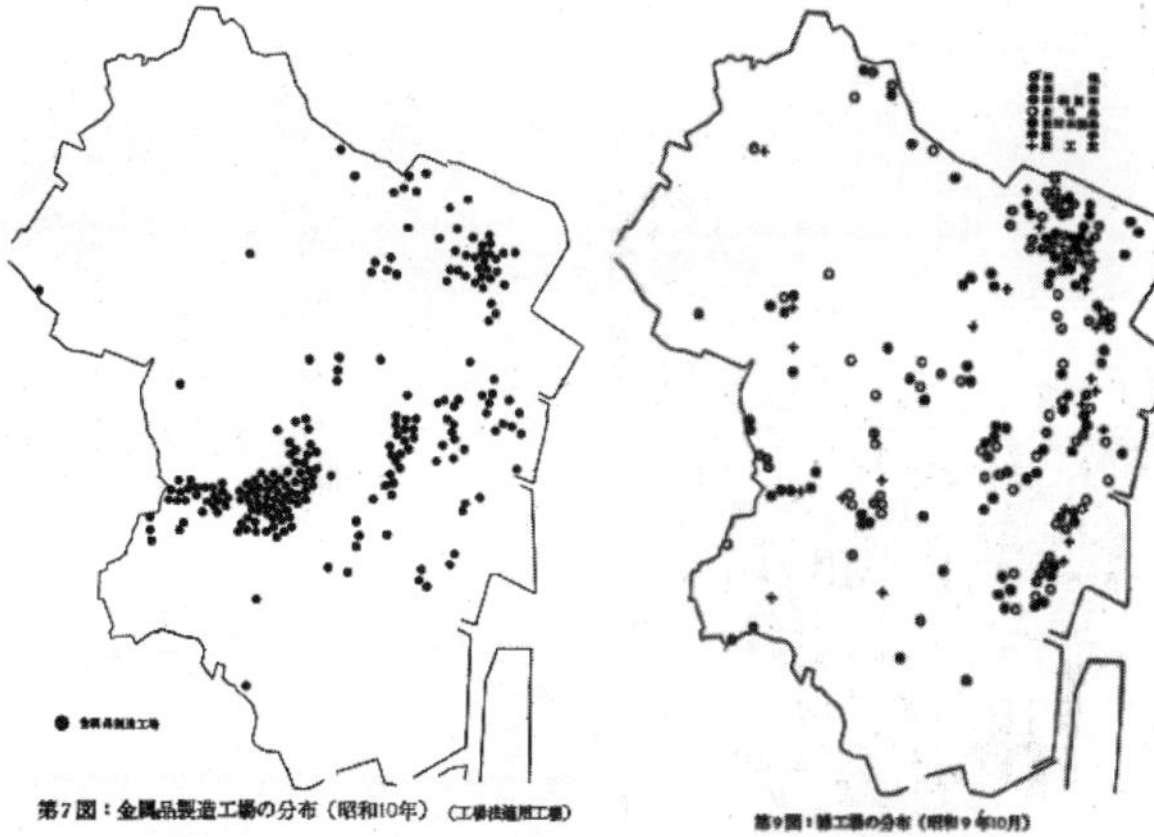

港区の昭和初期の工場の立地。右側は沿岸部。左の集積は古川沿い
（出所：『港区史』）

のが１９２０年（大正9年）の第１回国勢調査時には17万９０００人と約3倍に増加した。１９２３年の関東大震災後も人口はさほど減少せず、１９３５年には19万１０００人となった。

芝区には増上寺《ぞうじょうじ》もあり武家屋敷も多かったので、地理学上は山の手に分類されることが多いのだが、海側に街区が広がり、海沿い、川沿いに工場や商店が増えたことにより、下町的な生活感を強めたと言えるだろう。

●人口が２００倍以上に増えた白金

芝浦方面だけでなく、古川（渋谷では渋谷川という）の沿岸には小規模工場が集積した。新宿御苑《ぎょえん》（昔の内藤家の大名屋敷）に発し、

芝浜は倉庫街になった（出所：『日本地理風俗大系』）

渋谷、恵比寿、麻布十番を経て田町方面に流れてくる川だ。

まず田町に近い側に、三田製紙所（三田小山町）、工部省赤羽製作所、海軍造兵廠《しょう》（赤羽町）、そして機織《はたおり》工場などが設立された。

第一次世界大戦の頃になると、麻布十番の一之橋より上流に工場が増えた。主に金属製品や機械の製造工場であった。

さらに上流の白金三光《しろかねさんこう》町は、白金といっても台地ではなく古川流域の低地にあって、明治５年（１８７２年）には戸数17戸、人口84人のみだった。それが第一次世界大戦の好景気に乗って金属工場、鋳物工場、メッキ工場などが大量に設立され、１９３５年（昭和10年）の人口は２万人を超えた（『芝区誌』１

９３８）。

工業の発展に伴い、芝浦には花柳《かりゅう》街が誕生した。１８７２年に新橋～横浜間の鉄道が開通すると、沿線には温泉旅館、料理屋、海水浴場などができていく。

鉄道駅ができた新橋は、カフェ、バー、おでん屋、その他飲食店、遊戯場が急増。ネオンサインが光り、ジャズの音が響いた。４階建てのビルディングには日本座敷を設《しつ》らえた牛肉屋や、区内唯一のダンスホールがあり、百人近くのダンサーが裸身に薄衣をまとって踊り客席にはべった。新橋駅西側では大カフェ「処女林」が人気を誇った。

●「芝家具」の隆盛

こうした時代の変化の中で、現在の新橋の山手線内側には「芝家具」と呼ばれる家具製造販売業者が増加した。

芝家具とは、建築の西洋化に対応してつくられた完全オーダーメイドの洋家具である。当時、西新橋、虎ノ門には官吏、実業家、貴族たちの住居が増え、また、丸の内を中心にオフィス街、霞が関の官公庁、鹿鳴《ろくめい》館などの欧州風洋館が増えた。そのため西洋家具の需要も増え、新橋、西新橋、虎ノ門一帯で洋家具製造の機運が高まり、多くの職人が集まったのだ。

最初の家具店は１８７１年（明治４年）に千代田区内幸《うちさいわい》町で創業し、74年に琴平町（現・虎ノ門１丁目）に移転した木下商店である。外国公館の家具の修理から始まった店だという。

もともとは西洋古物商だったところもあり、尾張屋、中野洋家具店などがそうだった。江戸時代に駕籠《かご》をつくっていた業者が家具製造に転じた例もあったそうだ。

明治20年代になると芝家具は定着期に入り、増大する洋風建築や博覧会のために家具を製作するようになった。明治40年頃には、洋家具店が軒を連ねるほど増えている。

●あめりか屋の登場

１９２３年（大正９年）、関東大震災によりほとんどの店舗が焼失した。だが、震災によってむしろ東京の近代都市化が進み、郊外には洋室のある家が増えたので、都心のオフィス家具、郊外住宅用の家具の需要は高まった。お得な応接三点セットも流行した。築地の聖《せい》路《ろ》加《か》病院も１９３３年に新築するにあたり、芝家具を導入したという。

また、あめりか屋というアメリカから住宅資材を輸入して建築する会社ができた。芝家具と住宅建築の会社である。

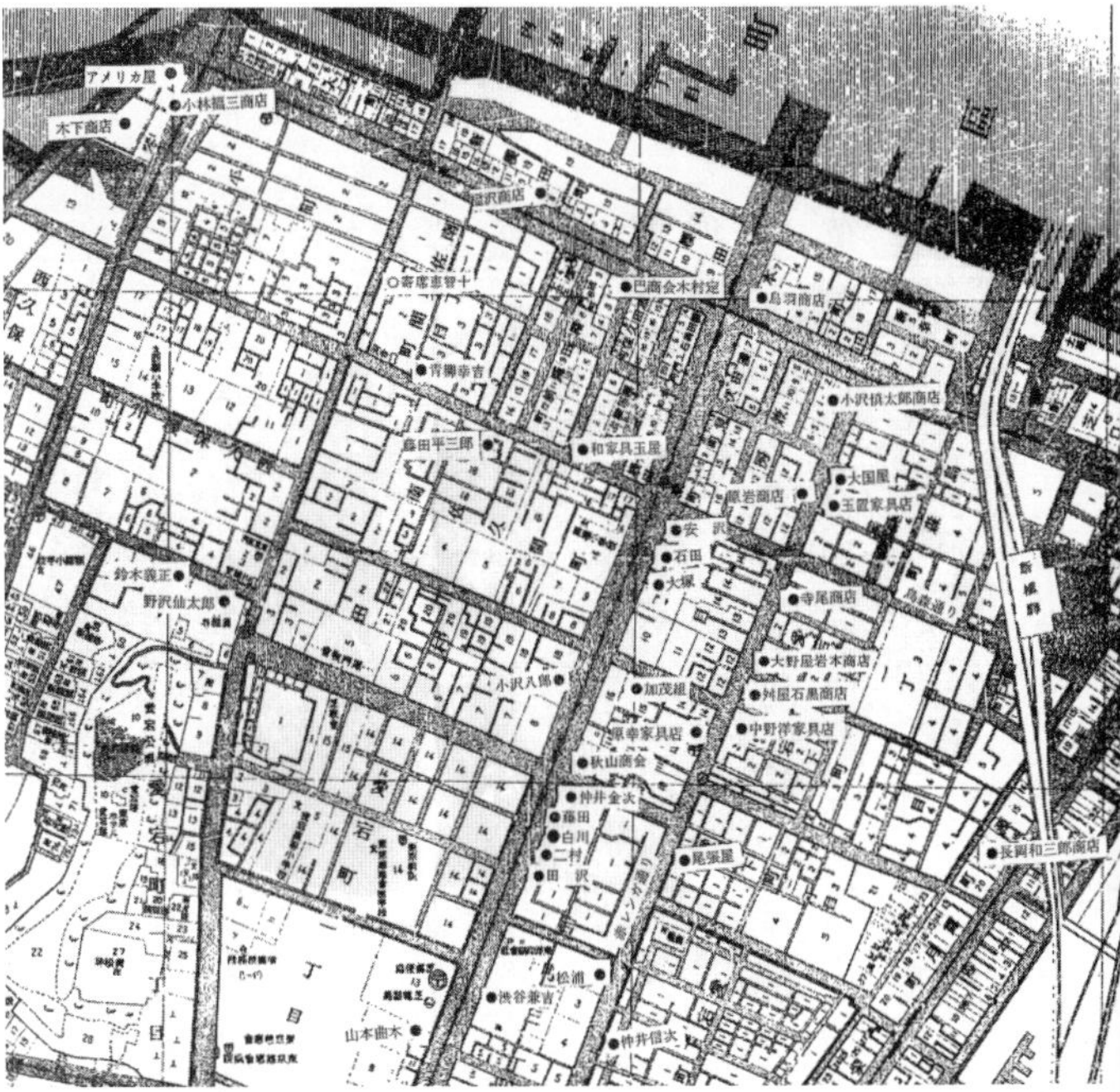

関東大震災前の芝家具店の分布。左上にあめりか屋がある。右隅真中が新橋駅（出所：東京都芝家具商工業協同組合『芝家具の百年史』）

同社は現在も福井県敦賀《つるが》市で存続しているが、もともとは明治30年代、アメリカのシアトルに渡り古着屋を営《いとな》んでいた橋口信助が、当時の日本人の感覚的に椅子式の生活は「知性や経済力がないとできない」と思われていたのに「アメリカ人は身分の高い・低い、お金を持っている・持っていないに係らず、椅子に座って生活（椅子式の生活）をしている」と驚き、「日本にも椅子式での生活、要するにアメリカ式の洋風住宅を広めたい」という夢を持ったのが始まりだ（同社ホームページより）。

橋口はその後帰国し、１９０９年に開業。昭和初期にかけて東京だけでなく、大阪、小倉、軽井沢、京都に店を構えるまでになったという。

●武田五一の支援

だが最初は事業がうまくいったわけではない。まったく儲からず、橋口は途方に暮れていた。そんな彼を支援したのが建築家の武田五一《ごいち》だった。

武田は当時、京都高等工芸学校（現・京都工芸繊維大学）の教授であり、関西建築界の指導者の一人だった。

武田はある時あめりか屋からドアを買い求めたことをきっかけに橋口と交友を深め、あめ

あめりか屋本店
（出所：内田青蔵『あめりか屋商品住宅』）

りか屋の事業に協力した。その後武田は同志社女学校清和館を設計したので、そこであめりか屋のドアを使用した可能性があるという。

私事だが、最近自分の家をリノベーションし、オークションで買ったドアを設置した。それは武田五市が設計した京都市の島津製作所本社ビルで使われていたドアである。あめりか屋製かもしれないと思うと（違うと思うが）、なんだか嬉しい。

以上、第一・第二下町の変化を見てくると、これらの地域では下町が近代化していき、むしろ下町らしさを失っていくことも多いことがわかる。そこは西洋的なオフィス、商業・娯楽などからなる年に変化していったのである。

そういう意味では、次に紹介する第三下町のほうが今の時代から見ると下町の典型のように感じられるであろう。

下町寄り道写真館

その２　車庫・駐車場

下町には車庫のない家が多いから〈車庫〉とアピールしているのだろうか？

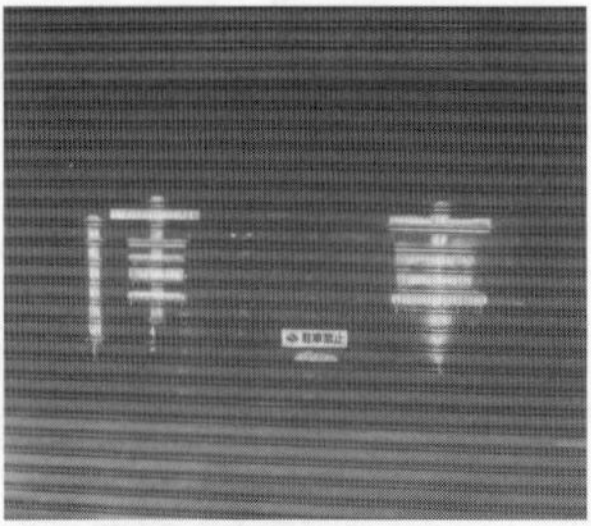

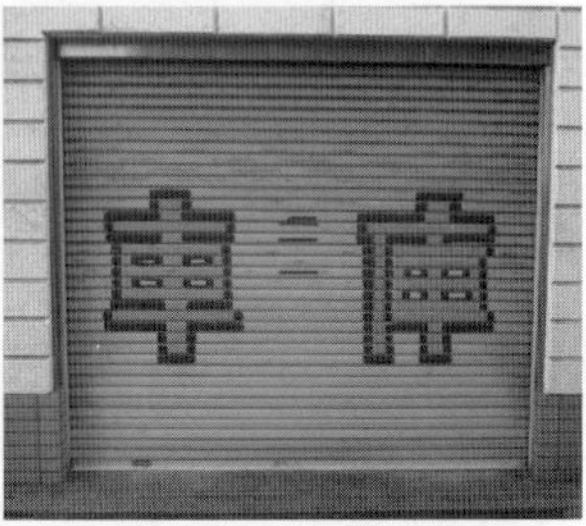

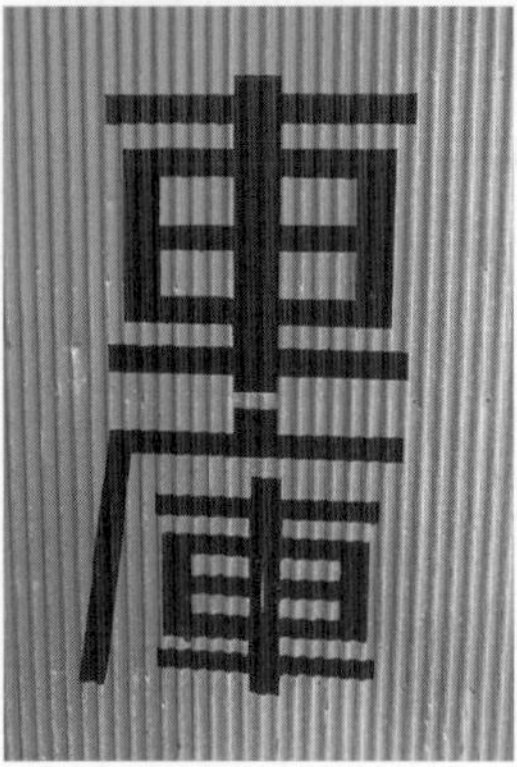

III. 第三下町

〜深川・墨田・荒川〜

深川

風光明媚な別荘地が工業地帯へ変貌

●深川が下町と言われるのは昭和初期から

深川とは現在の江東区の西半分、明治期に深川区となった地域である。東半分は南葛飾郡であり、１９３２年に城東区となった。だから東西でかなり歴史が違う。

深川は、木場があり、門前仲町があり、辰巳芸者という芸者衆が一世を風靡《ふうび》するなど、江戸時代から栄えていた。「赤穂《あこう》浪士」の吉良上野介《こうずけのすけ》邸など武家屋敷も多かった。

だが、江戸東京学の大家、竹内誠氏によれば、深川が下町と称するようになったのは江戸時代どころか明治ですらなく、昭和になってからだという（『江戸社会史の研究』）。

「しかし大正十二年の関東大震災以降、本来の下町である京橋・日本橋・神田地域は、多数の企業が進出して個人住宅より会社のビルが多くなり、また問屋など大商店の職住分離が進

葛飾北斎「富嶽三十六景」に描かれている、美しかった昔の深川

み、店はそのままで家族は郊外に移住することが盛んになり、昼間人口にくらべて夜間人口がこの地域では著しく減少するようになった。その結果、江戸時代以来培われてきた下町の人情といった温かい人間関係が失われ、むしろその中心は、下町の情緒を色濃く受け継いでいる浅草や深川に移ったのであ」り、「今や深川は、浅草と並んで下町の中心的な市を占めている」と竹内氏は言う。

●風光明媚な別荘地

かつて深川は隅田川河口のデルタ地帯であり、ヨシ、アシなどが繁《しげ》る洲《す》であった。これを深川八郎右衛門《はちろうえもん》という者が埋め立てて開発し、慶長年間に深川村をつくった。明暦《めいれき》の大火（１６５

岩崎家所有の頃の清澄庭園

７年）の後、深川の市街地化が急速に進み、隅田川以西にあった寺院が多数移転、武家の別邸もたくさんつくられた。

　１６５９年に両国橋、１６９３年に新大橋、１６９８年に永代《えいたい》橋が架けられ、深川の市街地化はさらに進んだ。海岸や河口の風景は美しく、下町に比べてずっと自然美が豊かであり、永大橋からの眺望はまさに絶景で、その風光明媚さのために保養地として最適であり、豪商の別荘も多かった。

　ある豪商は取引先の藩主などの接待に深川の別荘を頻繁に使ったというし、その豪商の三代目が病弱で、深川の別荘へ保養に来たという話もある（竹内誠『江戸社会史の研究』）。まったく今からは想像し難い話である。

●おきゃんな芸者

このように、深川は江戸と川を隔てて隣接しているだけなのに、江戸から見れば自然豊かで美しい別荘地であり、深川の人は隅田川を渡って西に行くことを「江戸へ出る」と言った。そのため「江戸の中にありながら江戸でない」という独特の深川気質が形成され、富岡八幡《はちまん》（１６２０年代創建）の門前の岡場所（筆者注：非公認の遊郭《ゆうかく》）では、「粋」で「いなせ」で「おきゃん」な辰巳芸者が生まれた（前掲書）。

深川にはそれ以外にも岡場所が6カ所あったが、そこに限らず広範な地域に遊里《ゆうり》があったという。だが天保《てんぽう》の改革（１８４１〜43年）で江戸市中の岡場所が禁じられ、深川の遊里も壊滅的な打撃を受けた。しかし吉原が何度か火事になったとき、再建までのあいだに深川が「仮宅《かりたく》」として営業ができたために、繁栄を取り戻したという。

今でも、門前仲町で有名な居酒屋に行くと、「おきゃん」とはこういう感じかという女性が切り盛りしている。テレビドラマ『孤独のグルメ』にもその店が出てきて、女性役を浅野温子が演じていたが、口調も身のこなしも本物そっくりだった。

●工場地帯へ

風光明媚な深川も明治以降は次第に工場地帯化していく。明治40年代（20世紀初頭）の地図を見ると、浅野セメント、東京紡績、日本製粉、東京ガスなど、当時の主力産業である紡績業をはじめとして、製糸業、セメント業などの工場が建ち並ぶようになった。

大正末期（１９２０年代中葉）になるとさらに工場は増え、中小の町工場が深川区およびその後の江東区内全域を覆うようになる。この時代には、石川島造船所の自動車工場など、鉄鋼、造船、機械といった重工業が増え、また藤倉電線深川工場など、従業員が３００人以上の大工場が増えている。

●社会事業の拡大

１９１９年、東京府に社会課が設置された。都民の衣食住や職業など生活全般の諸問題を解決するためである。

社会課の事業としては、住関連では不良住宅の改良、新規住宅の供給が行われたほか、生活関連では、職業紹介所、託児所、児童健康相談所、婦人授産場、甲州食堂、簡易宿泊所、質屋、浴場などが耐震耐火構造で新築、改築されることとなった。それらが特に多くつくら

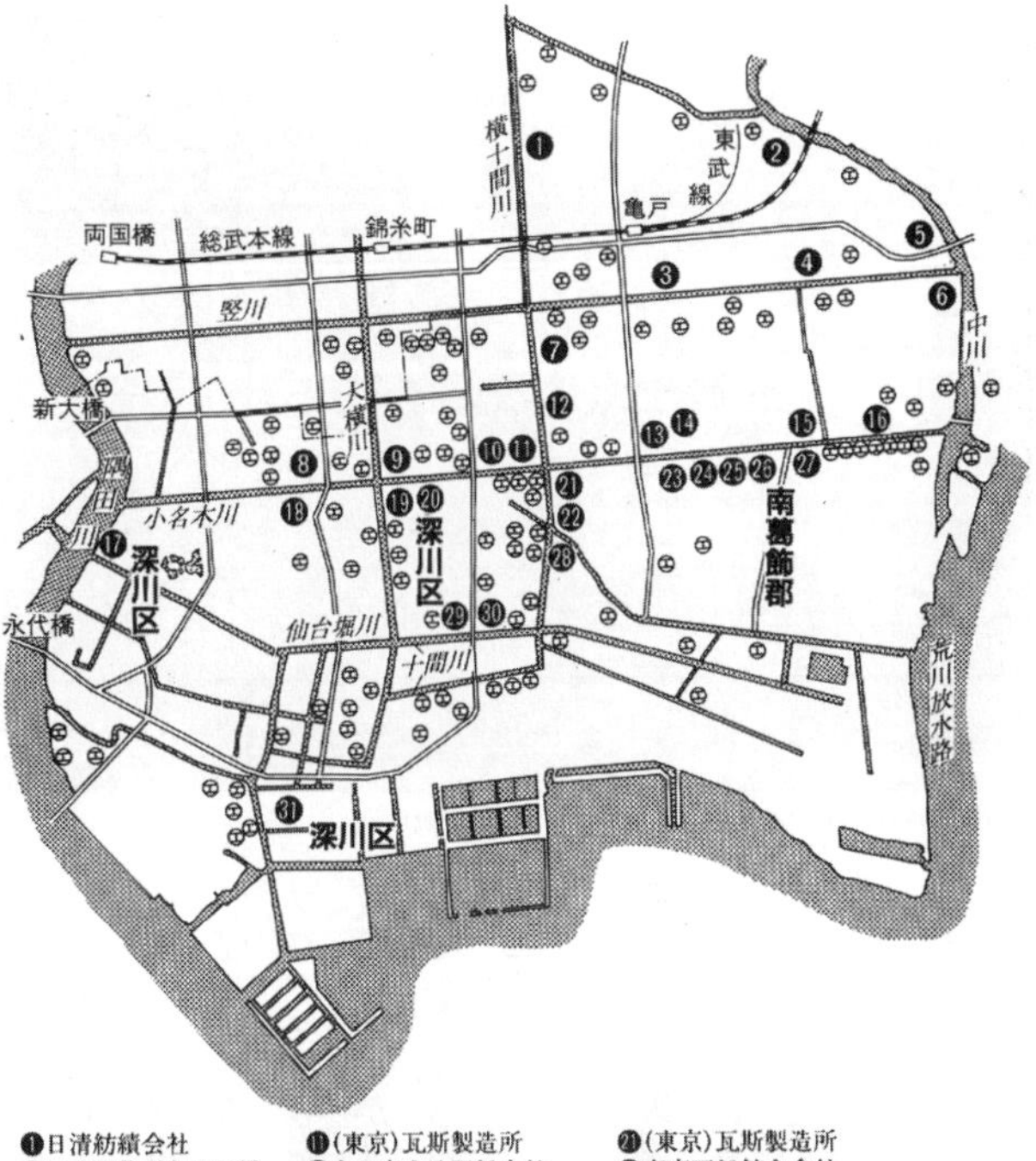

1 日清紡績会社
2 日立製作所亀戸工場
3 東洋モスリン分工場
4 東洋モスリン会社
5 日本化学工業会社
6 東京硫酸会社
7 小倉製油所
8 石川島造船分工場
9 安田製釘所
10 (鈴木)セメント製造所
11 (東京)瓦斯製造所
12 大日本人造肥料会社
13 東亜製粉会社
14 大島製鋼会社
15 富士瓦斯紡績会社
16 日本製粉会社分工場
17 浅野セメント会社
18 日本紡績工場
19 日本製粉会社
20 日東製氷会社
21 (東京)瓦斯製造所
22 東京亜鉛鍍金会社
23 計量器製作工場
24 日東醤油会社
25 大日本製糖会社(第一工場)
26 大日本製糖会社(第二・三工場)
27 帝国製粉会社
28 (鈴木)製油所
29 長島製材所
30 東洋木材防腐会社
31 藤倉電線工場

「一万分一地形図東京近傍」の「深川」「洲崎」「向島」「日本橋」(陸地測量部大正14年部分修正)により作成。工場名は、原則的に地図上の表記を記したが、一部を他の資料によって補った。

大正末期（1920年代中葉）の深川区・城東区（当時は南葛飾郡）の主要工場分布図　(出所：『江東区史　中巻』)

古石場アパート（出所：『日本地理体系　大東京篇』）

れたのが下町であった。

1920年には京橋区月島に労働者向け小住宅、深川区古石場《ふるいしば》には中産階級向けの住宅が建設されることに決まり、古石場には鉄筋ブロック造3階建てのアパートが1棟57戸、貸店舗住宅が3棟42戸および附設食堂、附設浴場からなる古石場市営住宅が23年5月に完成した。

●関東大震災後の変貌

このように東京が近代都市として生まれ変わろうとしていた矢先の1923年9月1日、関東大震災が発生した。

被害の詳細は**図表3-1**の通りだが、深川区は4万3950世帯のうち、なんと4万7

図表3－1　関東大震災における東京府の被害世帯数

都市区別	震災当時の世帯数	被害世帯数							現在世帯数百に付被害世帯(%)	内焼失世帯(%)
		全焼	半焼	全潰	半潰	以上計	破損	合計		
総数	829,900	311,962	366	16,684	20,122	349,134	47,985	397,119	47.9	37.8
東京市	483,000	300,924	239	4,222	6,336	311,721	42,732	354,453	73.4	62.3
麹町区	11,590	6,484	－	337	－	6,821	1,508	8,329	71.9	55.9
神田区	30,910	27,601	12	19	39	27,681	309	27,990	90.5	89.3
日本橋区	23,190	21,616	－	－	－	21,616	20	21,636	93.3	93.2
京橋区	31,880	29,290	－	－	47	29,337	156	29,493	92.5	91.9
芝区	33,640	16,769	40	398	777	17,984	6,600	24,584	71.0	48.4
麻布区	19,320	185	－	721	954	1,851	6,309	8,160	42.2	1.0
赤坂区	11,590	1,863	13	323	502	2,701	2,077	4,778	41.2	16.1
四谷区	15,940	642	－	124	331	1,097	4,429	5,526	34.7	4.0
牛込区	26,080	－	－	515	1,001	1,516	7,788	9,304	35.7	－
小石川区	32,360	1,201	32	462	848	2,543	6,461	9,004	27.8	3.7
本郷区	28,500	7,106	86	357	696	8,245	3,318	11,563	40.6	25.0
下谷区	45,400	33,451	46	340	553	34,390	2,922	37,312	82.2	73.7
浅草区	63,760	59,192	－	133	118	59,443	345	59,788	93.8	92.8
本所区	59,890	54,731	－	493	479	55,753	460	56,213	93.9	91.5
深川区	43,590	40,743	－	－	－	40,743	30	40,773	92.8	92.7

出所：『江東区史』

４３世帯が全焼した！　日本橋、京橋、神田、浅草、本所の5区も同様に9割以上が全焼。

第一下町と第二下町がほぼ完全に消滅したのだった。

震災から数日後には、避難者がトタンや焼け残りの木材を利用してつくった掘っ立て小屋が区内各所にできた。清澄公園にも公園一杯に小屋が並んだという。

対して麻布、赤坂、四谷、牛込、小石川、本郷という山の手の区は3〜4割しか被害に遭《あ》わなかった。

ちょうど社会局設置と同じ１９１９年に都市計画法が施行され、政府は東京を近代都市として生まれ変わらせようとしていた。だから震災は近代都市化にとっては都合が良かった。

こうして東京は、中産階級は良好な住宅地を求めて山の手に移動し、労働者階級の住む下町の範囲は深川、本所、向島、荒川区などに拡大していった。もともとこれらの地域には貧しい労働者などが多く、彼らが住む質の悪い不良住宅が集まる地域も生まれていたが、その傾向に拍車がかかったのである。

●同潤会アパートの誕生

震災後に深川に建設された住宅として忘れてはならないのが、同潤会によるアパートや木

震災前の不良住宅分布（出所：大月敏雄「集合住宅における経年的住環境運営に関する研究」に三浦が主要な地名を配置した）

清砂通アパート（2000年頃撮影）

造住宅である。

まず震災直後に塩崎町（現・塩浜２丁目）に３５２戸の仮住宅が建設される。東大工《ひがしだいく》町では清砂通アパートが誕生。これは16棟、６６７戸という同潤会アパートの中でも群を抜いて大規模なもので、１９２７年に完成した（２番目に大きな代官山アパートですら３３７戸）。

清砂通りアパート10号館には１９２９年頃から衆議院議員で、後の日本社会党委員長の浅沼稲次郎《いねじろう》が住んでいた。保証人は社会事業家の賀川豊彦だった。１９４１年頃、浅沼は白河町内の自治会長になる。45年の東京大空襲の時、コンクリートづくりであった元加賀小学校に避難してきた住民とともに、浅沼が消火の陣頭指揮に当たり、小学校体育館の焼失を免《まぬが》れた話は今なお語り継がれているという。また浅沼の勧めにより、清砂通りアパート住民は１９４５年５月に生活用品不足に対応するため生活協同組合を結成している。浅沼は日比谷公会堂で暗殺されるまでこの地に住み続けた。

●建築家・内田祥三の思い

また同潤会は、猿江裏町では不良住宅改良事業を行い、東町アパート（３階建て１棟、18戸）、住利アパート（２９４戸）が建設された。また猿江では東京市も本村町住宅４２０戸を建設し25年に完成している。

なお現在の猿江恩賜公園南園は、もともと幕府の材木蔵《ぐら》のあった場所で、その後、宮内省の猿江御料地となり１９２４年、皇太子裕仁《ひろひと》（昭和天皇）の結婚を記念して、芝離宮《りきゅう》御料《ごりょう》地《ち》、上野御料地とともに東京市に無償で払い下げられ、29年から造園されたものだ。

また同潤会の職工向け分譲住宅が深川区越中島に94戸、三好２丁目に22戸、白河３丁目に71戸建設され、城東区だが砂町では「普通住宅」と呼ばれる、いまで言うメゾネット形式の賃貸住宅が３戸ほど同じ棟に集まって建つ木造住宅３５４戸が建設された。

このように同潤会と深川、江東区の関わりは深い。同潤会アパートを設計した内田祥三《よしかず》は

清澄白川駅近くの町工場

東京帝国大学教授で東大安田講堂などを設計した建築家であり、同潤会の理事および建築部長だった。内田は深川の出身だったから、いっそう当地への思いが強かったかもしれない。

墨田区

工場・社宅・保育がつくった下町

●江戸の隠れ里

墨田区は旧・本所区と旧・向島区が戦後合併してひとつの区となったものである。南半分、両国駅周辺からスカイツリー周辺までが本所区、その北側が向島区であった。本所区は第二下町、向島区は第三下町に分類されるが、本書では戦前からの工場街としての性格から、墨田区全体としては第三下町に分類した。

本所は江戸時代から市街地化していた。１６５７年（明暦３年）の「明暦の大火」が江戸をほぼ焼失させ、防火対策として１６５９年（万治２年）に隅田川に両国橋が架けられ、本所は武家屋敷などの移転先に選ばれたからだ。水戸徳川家など、幕末には60ほどの武家屋敷が存在した。本所区となったのは１８７８年。とはいえ戸数は５９００戸ほどだった（『墨

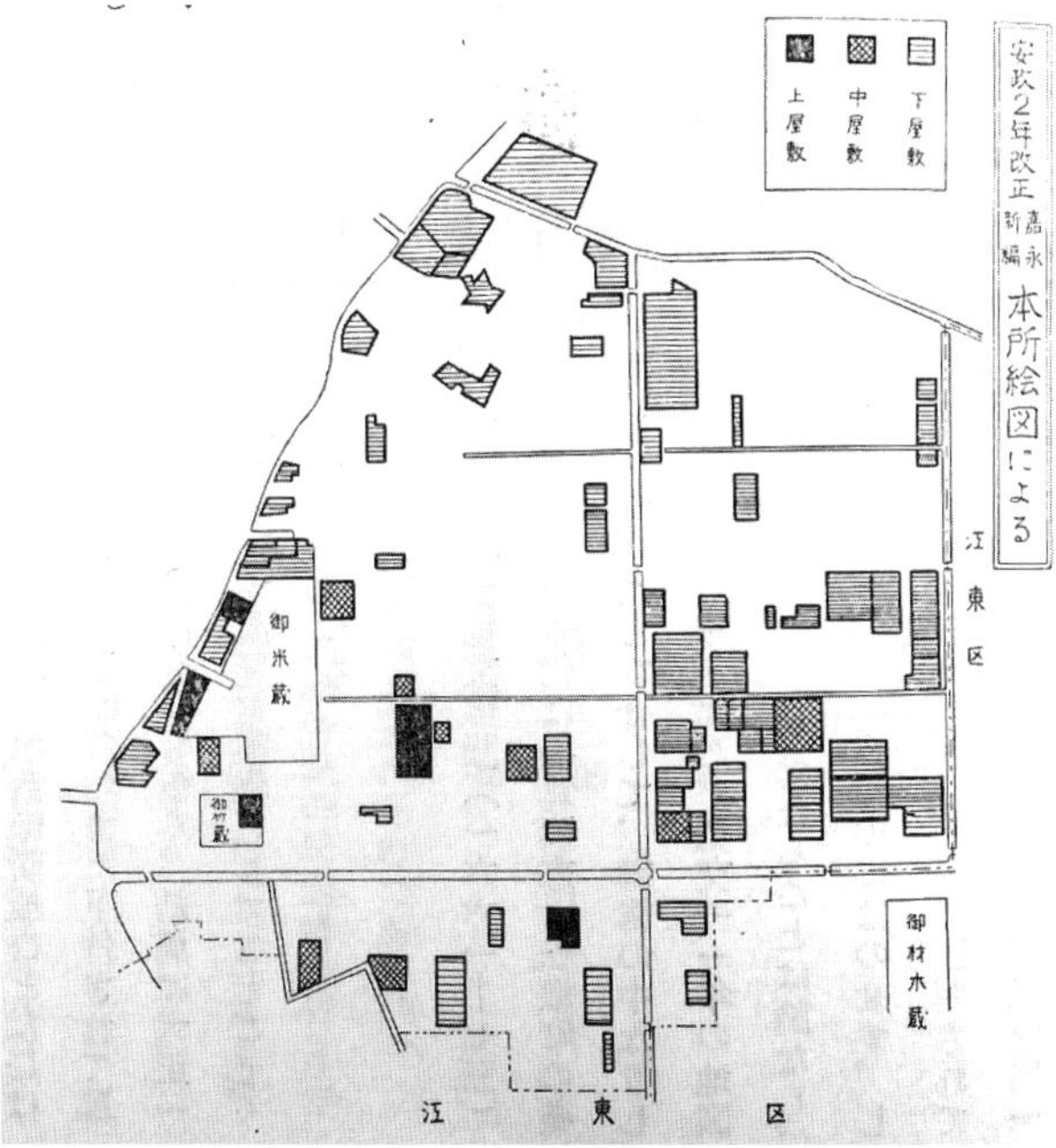

現在の本所区にあった武家屋敷（出所：『墨田区史』）

田区誌』）。

向島は江戸時代も農村地帯のままだった。向島区となったのは１９３２年である。向島百花園（１８０８年開園）が江戸時代からあるくらいだから、自然を楽しむ場所だった。１７１７年（享保２年）には８代将軍吉宗が隅田川堤に桜１００本を植えさせ、桜の名所となった。それで今も向島には有名な「長命寺《ちょうめいじ》桜もち」の「山本や」がある。

１７３３年（享保18年）には両国の花火が始まり、１７

８１年（天明元年）には本所回向院《えこういん》で大相撲が始まるなど、隅田川沿いは一種の娯楽・観光の地となった。向島だけでなく本所の隅田川沿いにも料理屋が栄え、ひなびた田園風景の中で料理を味わうことが、過密都市江戸の人々のストレス解消になった。いわば江戸の隠れ里である。

江戸の豪華な割烹《かっぽう》に飽きた粋人《すいじん》たちが渋く遊ぶ場として料理店が栄えた。芸者は吉原や柳橋から連れて行った。

こういうことは今もある。ちょっとスケールが小さいが、渋谷の雑踏を避けて代々木上原で食事をするとか、新宿はうるさいので荒木町で飲むとかいったことである。

●別荘地・向島

明治以降の向島は別荘地であった。幕末、外交官の岩瀬忠震《ただなり》が隠居後に住んだのが岐雲園という屋敷で、岩瀬の死後、幸田露伴《ろはん》の長兄が住み、露伴も１８９３年に住んだが、大正時代に三共製薬と住友ベークライトの工場となった。１８７８年には小野義真《ぎしん》の別荘、八州園ができ、84年に小松島遊園として一般に開放された。現在はトミンハイムになっている。

１８９９年には新橋の料亭花月の主であり、新橋演舞場の取締役でもある実業家・平岡権

花月花壇（出所：瀬川光行『日本の名勝』）

八郎が小松島遊園の北に「花月華壇《かげつかだん》」を建てて妾《めかけ》の元日本橋芸者のおとわと住んだ。5000坪の土地に西洋式庭園をつくり、西洋料理が供《きょう》されたという（平岡は京急沿線に花月園をつくるなど華々しい人生を送ったが、それについては拙著『娯楽する郊外』を参照されたい）。

　大財界人である大倉喜八郎（1837〜1928）は1912年、向島に別邸「蔵《ぞう》春閣《しゅんかく》」を建築した。内部は秀吉の桃山御殿のふすま、杉戸を使い、狩野探幽《たんゆう》の屏風も置かれる豪華なもので、海外の賓客を招いたという。

　また1913年には日活の撮影所が現在の水神大橋のたもとあたりに完成した。もともとは幻想文学作家・夢野久作《きゅうさく》の父である杉山茂丸の別荘だった。

杉山は政治運動家、実業家であり、明治、大正、昭和初期にかけて、山縣《やまがた》有朋・松方正義・井上馨《かおる》・桂太郎・児玉源太郎・後藤新平・寺内正毅《まさたけ》らの参謀役を務め、政界の黒幕などと呼ばれた。花柳界と映画の拠点があったのだから、ずいぶん華やかだったのだろう。

撮影所は23年、関東大震災で壊滅的な被害にあい、同年11月に太秦《うずまさ》に移転した。

武家屋敷や庭園は明治、大正以降は工場になり、戦後はマンションや公園になっているし、隅田川沿いは高架の高速道路が走っているので、当時の面影を感じることはまったくできない。せいぜい桜もちを食べて往時を偲《しの》ぶしかあるまい。

●銘酒屋が転じて花柳界に

１９１２年、浅草の銘酒屋《めいしゃ》が警察の取り締まりの厳重化により、向島と玉ノ井に移転してきた。

銘酒屋とは、一見酒を飲ませる店のふりをして、実は店の奥で売春が行われる店だった。近代都市を目指す東京の都心に、そうしたものはあってはならなかったのだ。

だが、向島でも銘酒屋は反対された。隅田川では東京帝国大学らのエリート学生がボートレースに来る。そこに銘酒屋があっては風紀上困るということで、学校側が銘酒屋撲滅運動を起こした。

かくして銘酒屋は営業停止。その代わり向島は１９１３年に三業地指定を受けて花柳界となった（三業地とは料理屋、芸者置屋、待合の三種の営業が許可された区域を指す）。当初は芸妓屋９軒、芸妓９人、待合２軒、料理屋２軒という小規模なものだったが、第一次世界大戦による好景気のために急速に発展した。

●商業・娯楽も発展した

墨田区の商業中心といえば、錦糸町である。錦糸町駅の土地は、江戸時代は一橋徳川家の屋敷であり、その北部は津軽家の屋敷で、池のある庭が存在していた。

錦糸町が商店街として発展した最大の理由は江東地域一帯の工業地帯化による常住人口、就業人口の増加と、総武線や都電のターミナルであったことだ。

錦糸町商店街は１９５５年、２２４店のうち飲食サービスが91店であり、小規模な飲食店が大多数であった。旅館が20軒あったことも特色である（『墨田区史』）。また服部鉎《けい》二郎《じろう》による１９６５年の調査では簡易旅館が64軒）、総武線のターミナルだったためだと思うが、こ

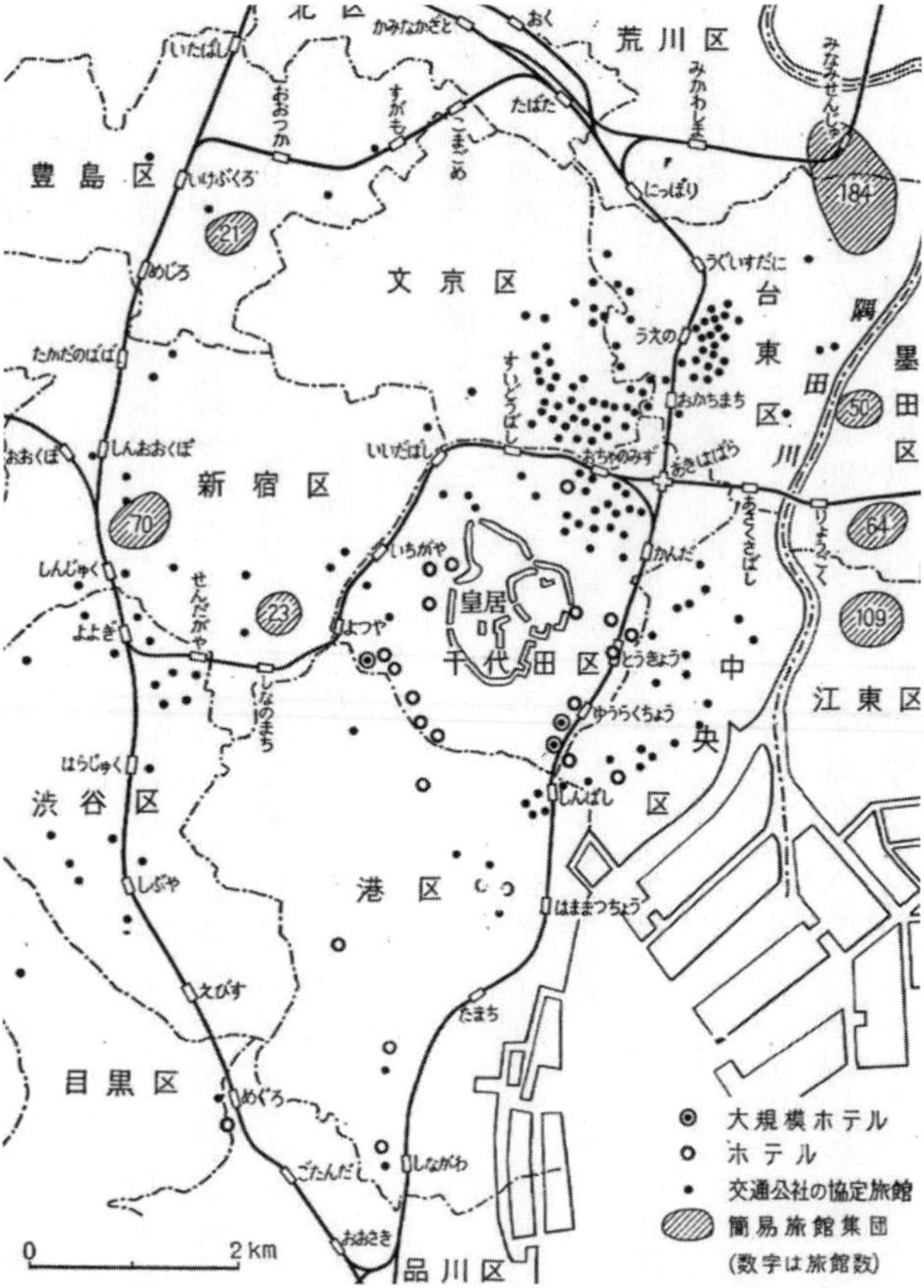

都市部のホテル、旅館の分布（服部銈二郎作図）（出所：『日本地誌　東京都』）

れらの旅館が現在はラブホテルになっているのではないか。

　また錦糸町の発展には江東楽天地という、映画館などからなる一大総合娯楽移設が１９３７年にできたことも大きい（拙著『昭和「娯楽の殿堂」の時代』参照）。１９５６年、江東楽天地は映画館の入場者数が年間３８２万人、温泉会館の入場者数が半年で15万人もあった。

　墨田区には劇場、芝居小屋はあまり目立ったものはなかったらしいが、両国の垢離場《こりば》には芝居小屋があり、劇場関係者の寮なども多かったそうだ。たとえば市村座の座主、13代市村羽左衛門《うざえもん》ら数人の俳優の住居は墨田中学の裏手にあった。

　明治になると悪場所である劇場の新設立地についての規制が緩和されて、守田《もりた》座が浅草猿若町から京橋新富町に移転するなどの動きが出てきた。西両国には中島座、喜昇《きしょう》座ができ、他にも本郷春木町、四谷荒木町、深川富岡門前町、芝新堀などに新しく劇場ができた。

　寄席《よせ》は明治、大正期には東両国に花岩邸、須崎町に入喜亭、千登世倶楽部などがあった。

　映画館は、業平橋に業平《なりひら》座、緑町に相生館、石原町に第八福宝館、寺島町に向島劇場、向島キネマ、向島館、南龍館、寺島電気館、玉の井館があった。

　このように、旧江戸の時代から都市化がある程度進んでいた墨田区内には、明治以降に工場が増え、人口が増え、映画館など庶民が楽しむ多くの娯楽施設があった。『下町の太陽』

（１９６３年）など墨田区を舞台とする人気映画も生まれ、それがこの地域の昭和的な下町らしさを演出する一因になったと言えるだろう。

●花王、ライオン、資生堂ができた

隅田川沿いの別荘地であった墨田区も、明治時代には工場地帯に変わっていく。特に１９１９年の都市計画法により、区の大半は工場地帯に指定された。

１８９２年には、精工舎が本所石原町で掛け時計の生産を開始。同じ92年には本所緑町に石鹸工場の芳誠舎（後の玉の肌石鹸）ができている。１９１１年にはミツワ石鹸の製造販売も開始。

ライオンは、埼玉県与野出身の小林富次郎が向島小梅の石鹸製造業会社の職工となり、91年、本所小泉町で石鹸製造業を営んでいた甥の小林与助の工場の一隅を借りて小林富次郎商店を開いた。96年に「獅子印ライオン歯磨」を発売、富次郎の死後は、養子の徳治郎が１９１０年、向島須崎に合資会社ライオン石鹸工場を設立した。

花王石鹸は１８９６年、まず向島須崎に工場をつくり、ついで１９０３年、本所の吾嬬《あづま》村に新工場を建設。22年に吾嬬村小村井にさらに新工場を設立し、吾嬬村工場を吸収した。

また１９０７年にはミヨシ石鹸の前身の三木石鹸工場が吾嬬村に設立されるなど、墨田区には石鹸工場が集まった。

１９０２年当時、石鹸工場は日本全体で１７５あったが、うち東京都が46、大阪府が33と、非常に大都市に集中した業種であった。現在のような石鹸を使う生活は、当時は未だ大都市の中流以上の階級による新しいライフスタイルだったからであろう。

花王の石鹸工場の様子（出所：『日本地理風俗体系　大東京篇』）

舞台は戦後だが、先ほども紹介した有名な映画『下町の太陽』では主人公役の倍賞千恵子が京成八広駅（かつての荒川駅）に住み、京成曳舟《ひきふね》駅前（住所は京島）の資生堂の石鹸工場で働いている設定だ。恋人とは浅草の松屋屋上にある、当時有名だった遊園地に行く。石鹸工場跡地は現在、イトーヨーカドーになっている。

鐘淵紡績《かねがふちぼうせき》（後のカネボウ）ができたのは１８８７年。隅田村の通称・鐘ヶ淵に東京綿商社として創立し、紡績工場を89年に完成させるなど、工場が次第に増えた。

とはいえ、当時は紡績会社といっても何のことかわからない人がほとんどで、表向きは紡績工場と言いながら、実は火葬場をつくるに違いないと噂されて土地の買収に手間取ったという。また煙が噴出するのは衛生上迷惑だという苦情も多く、住民が竹槍を持って騒動を起こすこともあったため、鐘紡役員一同はピストルを携行したというから、昔の日本は西部劇のように物騒だったらしい。結果、村長その他地元有力者の力を借りてようやく工場建設にたどり着いたという（鈴木都宣『濹東向島の道』）。

墨田区には花王、ライオン、資生堂があり、そしてカネボウだから、日本の女性の美容とファッションは墨田区なくしてはありえないというくらいのラインナップだ。

戦後も、墨田区はその他にも中小零細の町工場が無数に密集し、高度経済成長を支えた。優秀な縫製職人がたくさんいるため、ファッション産業の土地でもある。イッセイ ミヤケの洋服の縫製も墨田区の企業が何社か担当している。だから、スカイツリーのショッピングモール「東京ソラマチ」には「プリーツ プリーズ イッセイ ミヤケ」が出店しているのだ。

町工場で働く人々はだいたいが近くに住んでいたようだ。明治から戦前のデータが見つか

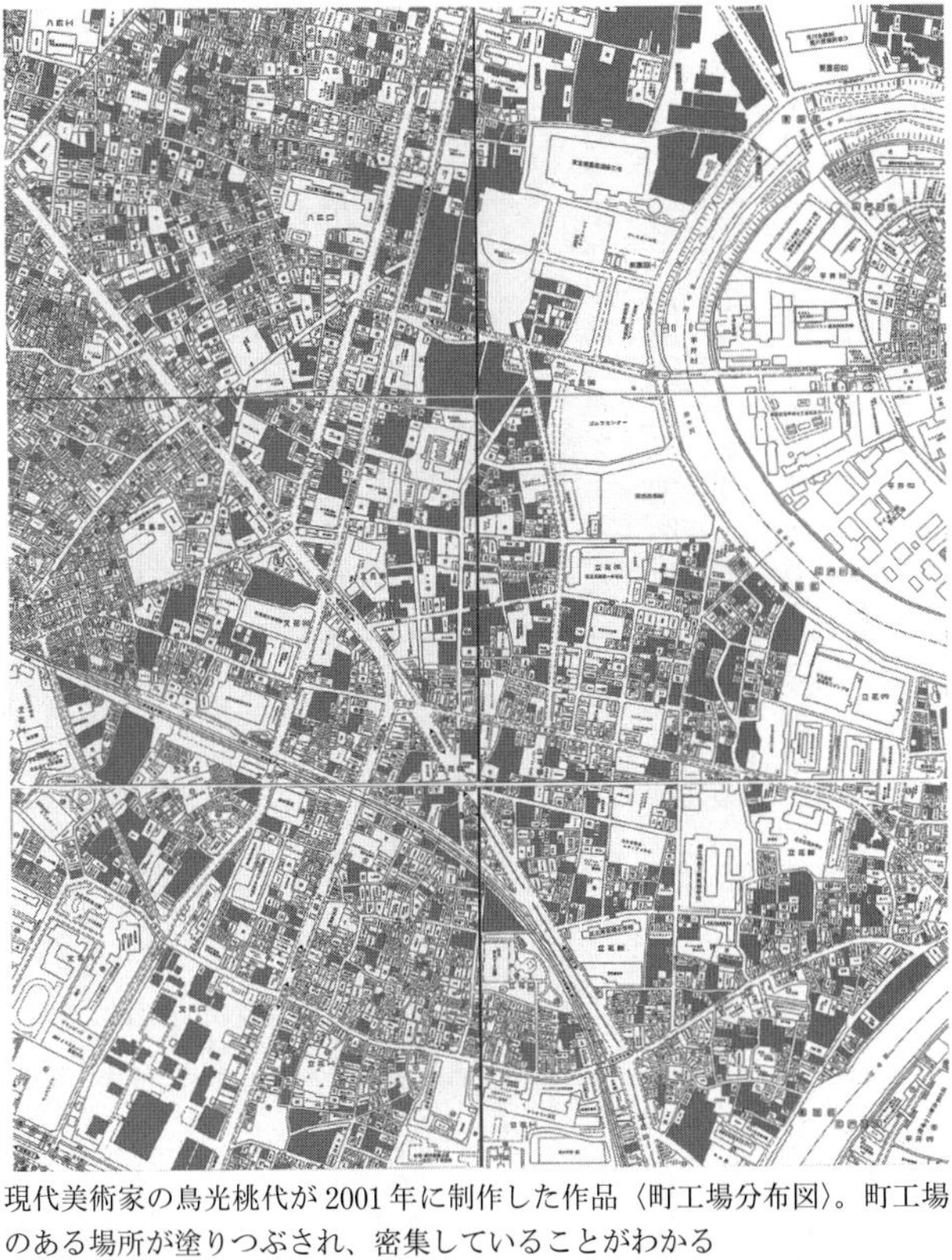

現代美術家の鳥光桃代が2001年に制作した作品〈町工場分布図〉。町工場のある場所が塗りつぶされ、密集していることがわかる

（出所：『メイド・イン・すみだ―鳥光桃代と町工場―』図録〈発行：アサヒビール株式会社〉）

らないが、１９６５年のデータでも、墨田区の住宅の所有形態は持ち家が44％、民営借家が17％、公営借家が16％、間借りが16％、官舎・社宅が２％、その他が７％である（小数点以下四捨五入のため合計が１００％にならない）。間借りが16％というのは今では信じ難いが、高度成長期に地方から来た中卒の労働者たちが工場主や店主と一緒に住んだのだろう（『墨田区史』）。

１９５５年の産業別流入超過人口を見ると、流入超過人口２万８４４６人のうち製造業だけで２万１０４８人である。47年は流入超過人口が２１５５人だけであったから、高度成長期に流入が激増したことがわかる（『墨田区史』）。

●新潟の大工が京島の長屋をつくった

東京に住む人たちの出身地を見ると、新潟県が意外に多い。１９５０年の国勢調査でも東京府以外の出身が38％であり、その中で最も多いのは埼玉県出身で３・１％。２位が新潟県で２・９％、以下、千葉県２・８％、茨城県、神奈川県が２・５％である。

地方出身者は下町で労働者になるケースが多かったと思われる。墨田区の出身地別人口を見ても、東京都内以外の出身者が58％であり、千葉県の４・３％、埼玉県の３・９％に次いで新潟県が３・８％と多い（**図表3－2**）。

墨田区の人口が増えたのは関東大震災後である。特に向島地区では、本所地区から被災者が一時的に避難してきた後に定住し工場・商店を営み始めることも多かった。また、経済復興後に地方から人口が集中してきたのである。

京島では１９２７年（昭和２年）頃に大量な棟割長屋が建設されたという。長屋を建設したのは京島の地主ではなく、越後出身の大工たちであった。中でも「越後三人男」と称されて有名なのが、深井国太郎・深井トヨ・片桐洋三の３人である。

図表3－2　墨田区の出身地別人口（1950年）

（単位：人）

	総数
総　数	**236,242**
区　内	136,954
東京都	808
北海道	1,757
青森県	694
岩手県	821
宮城県	2,231
秋田県	2,198
山形県	3,420
福島県	5,162
茨城県	**8,497**
栃木県	**8,274**
群馬県	5,076
埼玉県	**9,227**
千葉県	**10,258**
神奈川県	3,529
新潟県	**8,919**
富山県	1,883
石川県	1,118
福井県	865
山梨県	2,329
長野県	5,473
岐阜県	888
静岡県	2,971
愛知県	1,998

出所：『墨田区史』

長屋の建主に越後出身者が多いのは、事業を始めた者が事業拡大とともに仕事仲間・使用人を求める場合、出身地の縁故・知人を頼ることが多いからだという。

越後三人男たちは押上《おしあげ》方面に居住する京島の地主から借地し、低湿地に石炭ガラを運んでは宅地造成し、その上に棟割長屋を建設すると、次にそれを抵当に入れ借金し、再び借地・造成・長屋建設を行うということを繰り返した。

当時、共同水道付の長屋建には公的補助がなされたので、この傾向は促進され、かつての田んぼ、沼地には屈曲した農道沿いに長屋が建ち並び、一帯を埋め尽くすことになったのである（東京都企画調整局調査部『墨田区京島調査報告書』）。

●鉄道の発達と工場の増加

工場の増加に合わせて鉄道も発達した。１８９４年には総武鉄道が佐倉〜本所（現・錦糸町駅）間を開通させ、１９０４年には両国橋（現・両国駅）まで延伸した。

１９０２年には東武鉄道が久喜《くき》〜吾妻橋（現・とうきょうスカイツリー駅）間を開通させた。05年には東武鉄道本社が八重洲から両国に移転。11年には押上に移転した。

また１９１２年、京成電鉄は押上〜江戸川間、曲金（現・京成高砂《たかさご》駅）〜柴又間を開通させると、順次東側に延伸し、21年には千葉まで到達した。鉄道といっても当時はまだサラリーマンの通勤用ではない。貨物運送が主である。総武鉄道が開通した１８９４年は日清戦争開戦の年でもある。軍需があり、工場がますます増えたのだ。

その他、東洋紡績の設立、宮田製銃所による自転車製造開始、札幌麦酒《ビール》東京工場、凸版《とっぱん》印刷工場の発足もこの頃である。工場で働く人手が不足したので、墨田区には新潟、福島、栃木などからたくさんの人が集まってきた。

ちなみに札幌麦酒工場の土地は、幕末は秋田藩佐竹家の屋敷であり、邸内の庭が１８９０年から一般公開され「浩養園・佐竹の庭」として有名だった。札幌ビールはここに、札幌ビール園というビヤホールをつくった。この工場は後に大日本麦酒吾妻橋工場となり、今は墨田区役所・アサヒビール本社などとなっている。

●おもちゃ、お菓子、タバコ

また、台東区の章で書いたが、セルロイド製のおもちゃの工場も大正時代、台東区から墨田区などに分散した。１９３１年には墨田区内のセルロイド加工業者は３１０、従業員は２８６８人という大きな産業を形成するまでになった。セルロイド玩具工場は向島に、金属玩具工場は本所に多かった。

菓子製造業は、幕末には日本橋方面や本所、深川方面に多く、明治半ばから関東大震災以前までは神田の岩本町あたりに集中していた。それが震災後に台東区芝崎町（現在の西浅草3丁目付近）や、本所の錦糸町、太平町の陸軍、鉄道省、大蔵省の用地に集団移転してきた。

そういえば駄菓子の「うまい棒」で有名なやおきん本社が所在するのは錦糸町駅前である。1960年に太平町で菓子卸売・販売業の八百金食品として発足したそうだ。

図表3－3　『東京都23区菓子製造問屋図鑑』（1959年）における会社数

	製菓会社	問　屋	原材料会社
足立区	111	7	10
荒川区	126	8	4
板橋区	59	4	7
江戸川区	42	6	2
大田区	76	12	5
葛飾区	26	4	－
北区	50	11	6
江東区	79	10	6
品川区	49	7	2
渋谷区	45	4	1
新宿区	24	5	3
杉並区	58	9	2
墨田区	250	67	17
世田谷区	43	7	2
台東区	239	119	23
中央区	40	7	23
千代田区	37	11	15
豊島区	103	16	5
中野区	44	6	4
練馬区	28	4	1
文京区	44	9	－
港区	63	8	4
目黒区	62	7	2

※組合等は除く、そのため荒川区の日暮里菓子玩具問屋組合の菓子52軒は含まれていない
出所：足立区郷土資料館『スイーツランドあだち』

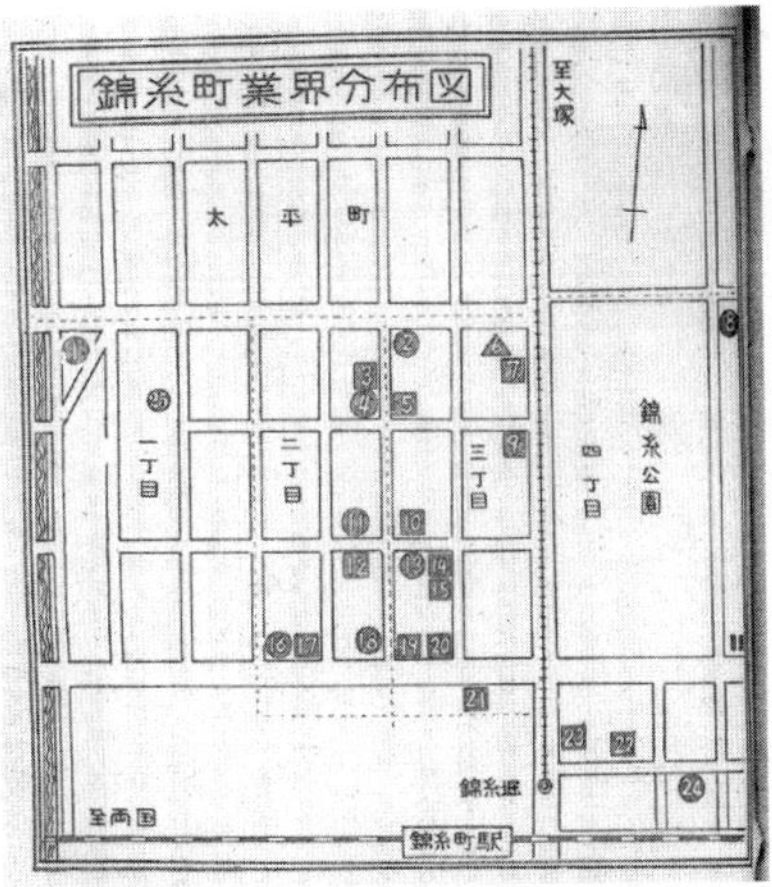

墨田区・台東区業界分布図
『東京都23区菓子製造問屋図鑑』掲載
※分布図に掲載されているのは、『図鑑』に掲載されている一部の業者であり、すべてをしめしてはいない。

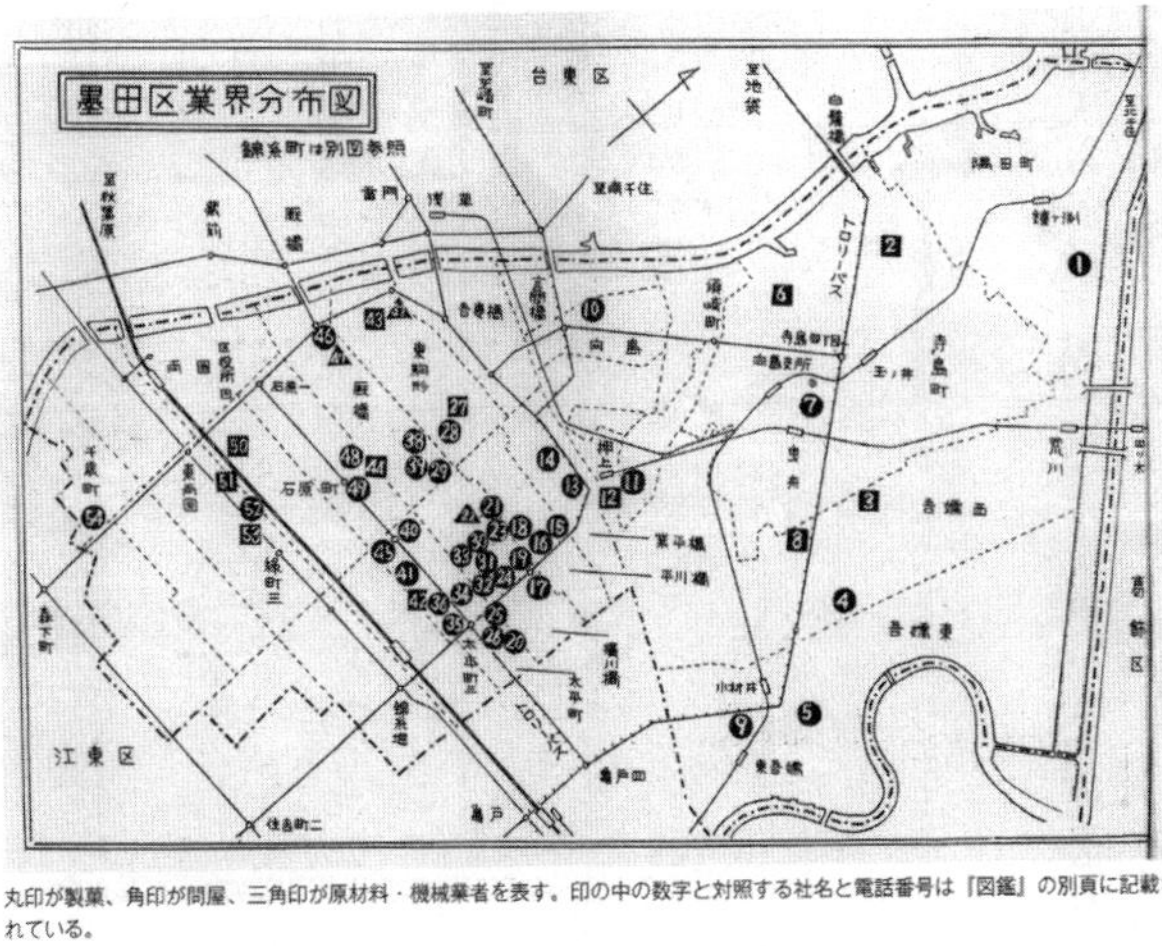

丸印が製菓、角印が問屋、三角印が原材料・機械業者を表す。印の中の数字と対照する社名と電話番号は『図鑑』の別頁に記載されている。

墨田区および錦糸町のお菓子製造業・問屋の分布（1959年）（出所：足立区立郷土博物館『スイーツランドあだち』）

図表３-３の通り、１９５９年に菓子製造業が多かった地域は、墨田区２５０軒、台東区が２３９軒、荒川区１２６軒、足立区が１１１軒などである（ただし荒川区の日暮里菓子玩具問屋や組合加盟の製菓会社など52軒は含まれない）。

煙草専売局（現・ＪＴ）も１９２４年に紡績会社の土地を買って材料置き場として使っていたが、１９３２年に浅草区からタバコ工場を移転した。現在、ＪＴ生産技術センターがあるところだ。おもちゃ、お菓子、タバコと、生活に密着した嗜好品、娯楽品が墨田区で生産されたというのは、いかにも下町風で、どこか心がなごむ。

かつての工場はほぼマンションなどに建て替わり、工場が残っているにしても、もう煙突はないし、騒音もない。なんとなく古いタバコ屋の看板が目立つ気がするのと、あとはアサヒビールの昔のトレードマークを目にするくらいか。下町にすらもう、昭和らしさは消えつつある。

●『女工哀史』の時代

本所区の工場数は、１９３２年には従業員５人以上の工場だけで１５６４カ所となり、東京市内最大であった。第２位は京橋区で６５６、３位が品川区の６２７であるから、本所区の工場の多さは群を抜いていた。

その急速な発展は、大きな社会問題をはらんでいた。たとえば、ある紡績工場の所定労働時間は12時間、そのうえ夜の残業があったが、残業代はなし。残業は希望する労働者だけが行っている、と会社は主張したそうだ。仕事が終われば寝るだけであり、外出も禁止された。そもそも外出する時間も娯楽の時間もなかった。

そうした過酷な労働の中から生まれたのが労働文学の古典『女工哀史《じょこうあいし》』である。刊行は１９２５年。著者の細井和喜蔵《わきぞう》は自身が東京モスリンという紡績工場で働き、労働争議に参加。11年に同じ工場の女工、高井としをと結婚。当時の繊維産業女子労働者の悲惨な実態を詳細に描いたのだった。

高井は10歳からいろいろな工場で働いたが、社会の矛盾への意識が強く、読書もよくした。女のくせに、女工のくせに本を読むとは頭がおかしいとからかわれたり、本を取り上げられたりする時代だった。

彼女が読んだ本の中に東大教授の政治学者、吉野作造《さくぞう》の著書があった。人間はだれでもみな平等で、個性と人格、人権があり、個性にあった仕事や学問をして、社会も自分もしあわせになる、といった思想を彼女は吉野から学んだという（高井としを『わたしの「女工哀史」』)。

●「細民」の郊外化

『女工哀史』の刊行と同じ１９２５年、建築家で考現学者の今和次郎は「本所深川貧民窟付近風俗採集」をしていた。

うかつだったが、私はこの２つの著作が同じ年のものだとはつい最近まで気づかなかった。社会問題と都市研究とでは分野が違うし、女工といえば製糸工場、だから明治時代だと、何となく間違って記憶してしまっていたからだ。

それに、今和次郎の風俗採集の絵があまりに面白いので、ついつい彼の仕事を好事家《こうずか》的なものとして長らく軽く見てきてしまっていた。

日清戦争（１８９４～95年）から日露戦争（１９０４～05年）にかけて、東京市には細民と呼ばれる貧困層が集中する地区が形成され始めたが、東京市内の近代都市化により細民地区は市外の郡部に押し出されていた。

中川清の研究によれば１９１１年、細民の人口は浅草区で７万人弱、下谷区で３万６０００人、本所区で３万５０００人、深川区で３万人強だった。

これが１９２２年になると、細民の人口は本所区、深川区、浅草区、下谷区、小石川区の順となり、32～33年は、荒川区、深川区、本所区、城東区、向島区、浅草区、足立区の順となる。時代を経るごとに都市周縁へと重心が移動していることがわかる。

●住宅は建設されたが……

たしかに、戦前についての史料を見ても、墨田区、江東区に住宅地がつくられた形跡はあまりない。せいぜい長屋であり、女工たちは狭い宿舎に住んでいる。１８７２年に銀座に外国人技師ウォートルスの設計による銀座煉瓦街が完成すると、明治政府は銀座だけでなく東京市内全体に煉瓦街をつくる予定だったらしいし、『墨田区史』には明治中期に本所柳原につくられた煉瓦造の和洋折衷建築の写真があるが、これは珍しいほうだろう。

住宅以外では両国駅、本所公会堂、本所病院、同愛記念病院などが鉄筋コンクリートでつくられた。住宅を鉄筋コンクリートなどで不燃化するのは１９２３年の関東大震災以降であり、東京市内にアパートメント・ハウス建設ブームが起こったが、労働者階級はまず住めなかっただろう。

１９３５年に墨田区内にあった５万５８０３棟の建造物のうち、煉瓦づくりは２３６棟、コンクリートづくりは３９５棟に過ぎず、木造が５万４９０２棟と圧倒的多数を占めていた。うち住宅は、４万５５５８棟のうち木造が４万５４４４棟であり、煉瓦づくりは31棟、コンクリートづくりは29棟であった。

このように一般市民の住宅は、特に改善は見られなかった。本所・深川は、関東大震災前からスラム街を生み、それ以外にも不良住宅地区として、厩《うまや》橋、太平町、横川橋などがあったが、震災後は都市計画に基づく区画整理により不良住宅の一応の解消を見たが、１９３１年の調査によると押上、中ノ郷にはまだ不良住宅地区があった。

また向島地区は、１９１５〜16年頃から急速に人口が増加し、震災後にさらに増えたが、粗製濫造《そせいらんぞう》の住宅が区内全域にわたって密集して広がっていた。荒川、中川、荒川放水路や北十間川に囲まれた低地であるため排水が悪く、かつ工場排水で川は汚れ、大雨が降ると道路も冠水するような環境であった。

●狭小な家が密集する地域に

第二次世界大戦後は、人口増加による住宅難を理由に臨時建築制限令が施行され、住宅および併用住宅は１戸当たり床面積が15坪に制限されたので、狭小《きょうしょう》な住宅が増加した。料理

（上）鐘ヶ淵の2階建て二軒長屋。戦前か終戦直後の建築と思われる
（下）現在の鐘ヶ淵に残る長屋

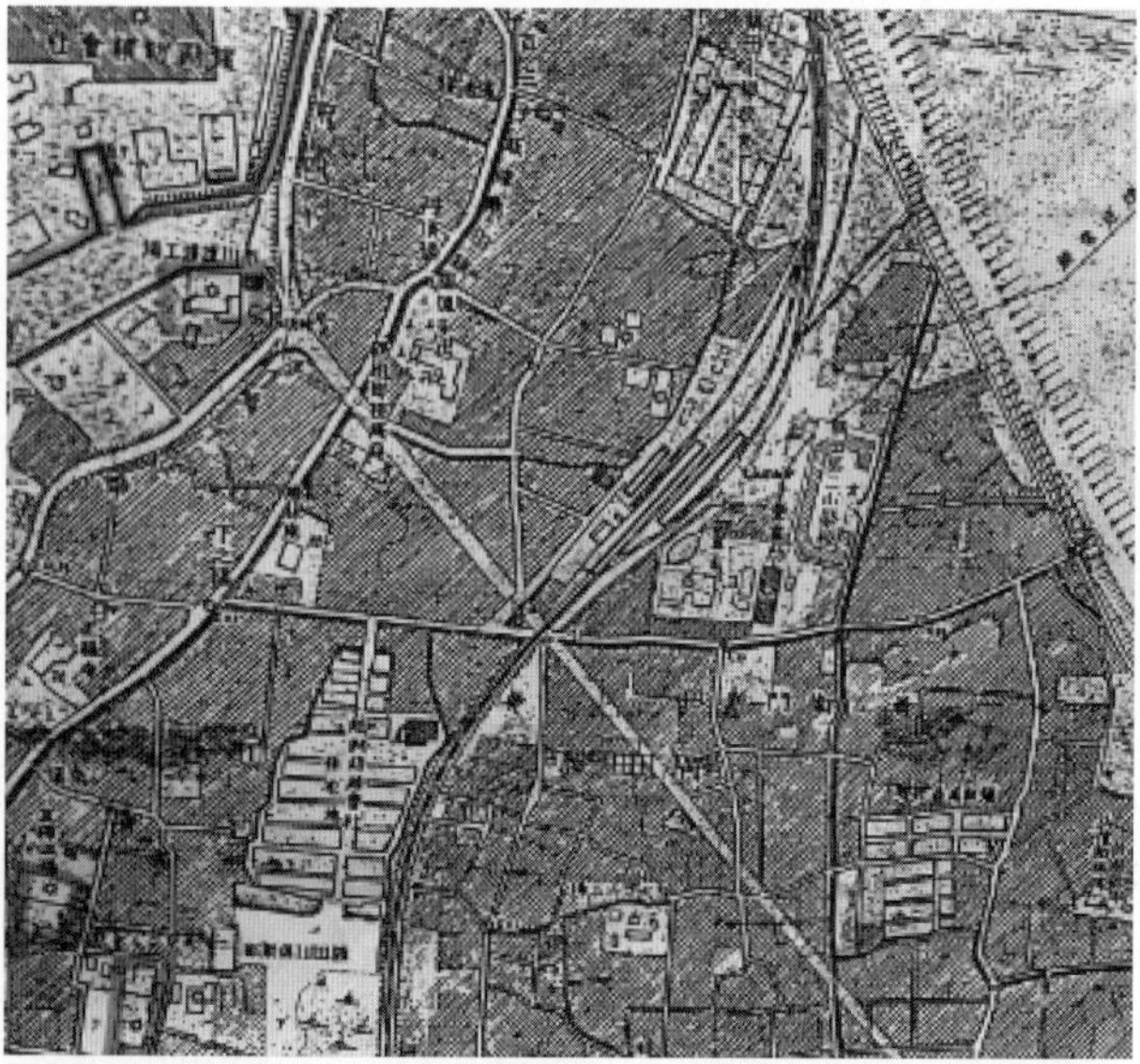

戦前の鐘紡工場と社宅（出所：『帝都地形図』之潮）

店など不要不急なものの新築は許可制となり、１９４６年９月には復帰する住民が予想外に少なかったために、戦災復興院は大々的な用途地域の変更を行い、戦前工業地域だったものを住宅地に変更した。

だがその後の経済復興により中小工場が発達すると52年には再び用途地域が変更され、本所区内の住宅地は大部分が第二種特別工業地域に変更された。つまり本所区ですら、戦後には一瞬住宅地がつくられる可能性があったのが、朝鮮戦争後の産業復興により、再び工業地帯になっていったと言える。

1944年の鐘紡工場と社宅（出所：国土地理院データベース）

都営アパートが49年から56年にかけて８３６戸建築されるなど戦後の住宅難に対応して住宅建設が進んだが、それでも58年度の墨田区の住宅困窮申告者数は１８４７世帯に上っていた。マンションが急増している近年とは異なり、下町といえば狭い家が密集していたのである。

●鐘紡の社宅

しかし、昔の「帝都地形図」や「向島区詳細図」を見ていて、ひとつだけ発見があった。鐘淵紡績の近くに、同社の住宅地らしきものが何カ所かあるのだ。帝都地形図のひとつは東武線の西側にあり「鐘淵紡績住宅地」と書かれている。もうひとつは東武線の東側の「鐘淵紡績社宅」である。「向島区詳細図」では「鐘淵紡績住宅地」の位置に「鐘紡社宅」と書かれているほか、工場の北側に「社宅」が3カ所ある。

そこで、地図に載っていた鐘紡の社宅のある場所に行ってみた。「帝都地形図」で「鐘淵紡績住宅地」と書かれた場所にはスーパーマーケットがあるだけで、社宅の痕跡はない。ただし社宅跡の南側に「たぬき湯」という銭湯があり、ここには鐘紡の女工が来たという。女工が多かったのでたぬき湯は女風呂のほうが男湯より5割ほど広いのである。

もうひとつの東武線の東側「鐘淵紡績社宅」のほうには都営住宅が建っていた。「帝都地形図」とほぼ同じ棟配置のまま、木造から鉄筋に建て替えたような形で団地が建っている。

次に工場の北側の、３つの社宅のあったあたりにも行ってみた。『東京名所図会・墨田堤』（宮尾しげを監修）によればレンガづくりの工場の北の方に木造瓦葺き2階建ての寄宿舎があり、浴場や病院もあり、隅田川沿岸の桜と、隅田川と綾瀬川が合流する風景が見えたそうだ。

国土地理院のデータベースで１９４４年の航空写真を見ると、たしかにそれらしきものが見える。

行ってみると、カネボウ公園という小さな公園があり、鐘紡発祥の地の石碑がある。そこから少し北に歩くと、瓦葺きの木造平屋住宅が並んでいる。今は人が住んでいないようであるが、できた当時はけっこう立派だったと思われる。庭はないが、それなりの中流層が住んだのではないかと思わせた。

これがもしかして鐘紡の社宅かと思い、カネボウ化粧品を吸収した花王に問い合わせたが、『名所図会』以上のことはわからなかった。

住宅地図を見ればもう少しわかりそうだが、住宅地図というのはあまり古いものがないのである。ただし、渋谷逸雄という方が１９６０年代頃に調査・発行した『全住宅案内地図帳』の中野区版を持っていたので、これの墨田区版があれば社宅のことがわかるのではないかと考えた。ネット古書店の「日本の古本屋」で探すとちょうどあった！

早速購入して鐘ヶ淵あたりを見てみると、鐘紡の工場敷地内も詳細に書かれていた。『名所図会』の言うとおり、大きな工場の北側に女子寮が7棟ほどあり、その西側にはテニスコートやバレーコート、食堂、浴場、病院もある。

女子寮の北側には「鐘紡社宅」と書かれており、世帯の名字も表示されている。5～6世

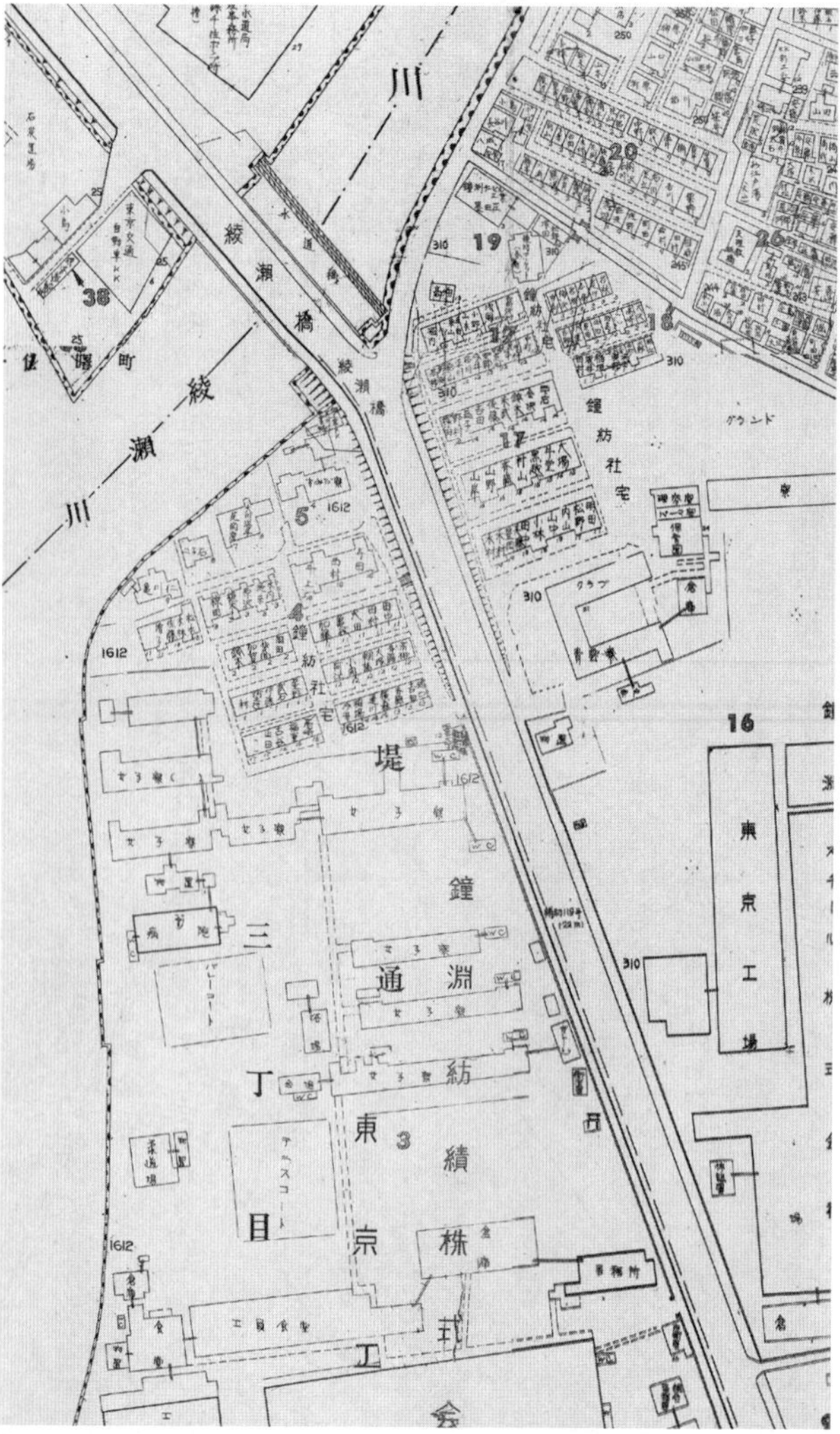

鐘紡の工場と社宅の配置（資料：渋谷逸雄『全住宅案内地図帳墨田区版』〈1969〉を合成して三浦展作成）

（上）鐘紡社宅跡は都営住宅になっていた
（下）鐘紡の社宅跡地近くにあった木造住宅（横溝惇撮影）

帯ずつ1棟になった社宅が6棟並んでいる。
その北側には形状からしてコンクリート造にも見える建物が3棟あり、ここも3〜4世帯ずつある。さらにその北の3棟は1〜2世帯ずつである。つまり会社での職階に応じて社宅が違っていたのだろうと推察される。道を隔てて東側には1棟7〜10世帯の建物が数棟並んでいる。その南には理髪室、パーマ室、そして保育園がある。青雲寮という寮もあり、おそらく男子寮であろう。建物内に「クラブ」と書かれているので、社交場のようなものだったのか。北側には「鐘紡マーケット」がある。ここで日用品を買ったのだろう。

そこから細い道を隔てて1棟6〜8世帯の建物が6棟並んでいる。そしてその北に3棟だけ、戸建てらしいものが並んでいるのだ。これが今も残る瓦葺きの住宅に違いない。だが、それが鐘紡社宅かどうかは地図からはわからなかった。最終手段で登記簿を当たったが、どうも社宅ではないようだった。社宅の名残を訪ねたが、だめであった。

ネットで調べると寄宿舎だけでなく、鐘紡工場周辺には多くの女工が暮していて、「付近の酒屋、八百屋などと結婚した人も多数いたという。鐘紡を中心に一種独特の一族意識があり、社宅の電気・ガス・水道は鐘紡が供給した。商店の顧客も鐘紡の従業員など工場労働者が中心で、さながら『鐘紡城下町』の様相を呈していた」というのだ。他の史料を見ても、鐘淵紡績は当時としては紡績会社の中では比較的、労働者の人権を重視する会社だったようだが、今から見れば過酷な環境ではあっただろう。

宇野利右衛門《りうえもん》『職工問題資料』（１９１２年）によれば、鐘紡の社宅には３８５人が住み、うち男性２１７人、女性１６８人だったから、おそらく夫婦で住む人もいたのだろう。独身女性が社宅に住むことはなかったのではないか。寄宿舎に住むのは女性だけで、２４９８人もいた。通勤者もおり、男性５２８人、女性６４３人が通勤であった（**図表3-4**）。

その他の企業の紡績工場でも女工は寄宿舎か通勤がほとんどであり、男性は社宅か通勤であった。東京紡績では通勤が圧倒的であり、富士瓦斯《がす》紡績では通勤のみである（石塚裕道「東京の都市スラムと公衆衛生問題」）。

同じ宇野の『鐘紡の職工待遇法』という文章も見つけた。本所の工場だけの話ではなく、社宅というより女工の寄宿舎について書かれているのだが、参考として紹介する。

それによると、鐘紡は全国に工場があったが、工場の隣では狭い土地に家屋が軒を並べて建っているので、日当たり、通風は悪く、上下水道も完備されず、樹木などはまったくなく、不衛生で「いわゆる貧乏町の状態」であったというのだ。そういうところに工場があるので、工場としてさらに衛生に配慮したらしい。

図表3－4　東京の主な紡績工場労働者の住まい

（単位：人　※カッコ内は合計に占める比率（%））

工場	性別	寄宿舎	社宅	通勤	合計
鐘淵紡績東京支店	男		217 (29.2)	528 (70.8)	745
	女	2,498 (75.5)	168 (5.1)	643 (19.4)	3,309
	計	2,498 (61.6)	385 (9.5)	1,171 (28.9)	4,054
富士瓦斯紡績押上工場	男		(−)	400 (100.0)	400
	女	2,016 (87.3)	(−)	292 (12.7)	2,308
	計	2,016 (74,4)	(−)	692 (25.6)	2,708
同 小名木川工場	男		97 (35.7)	175 (64.3)	272
	女	815 (72.4)	83 (7.4)	228 (20.2)	1,126
	計	815 (58.3)	180 (12.9)	403 (28.8)	1,336
日本紡績亀戸本社工場	男		206 (60.3)	136 (39.7)	342
	女	2,111 (90.0)	136 (5.8)	99 (4.2)	2,346
	計	2,111 (78.6)	342 (12.4)	235 (9.0)	2,688
東京紡績本社工場	男		87 (13.9)	539 (86.1)	626
	女	1,216 (61.2)	215 (10.8)	555 (28.0)	1,986
	計	1,216 (46.6)	302 (11.5)	1,049 (46.8)	2,612
同 橋場工場	男		89 (15.1)	500 (84.9)	589
	女	1,241 (50.0)	307 (12.4)	939 (37.6)	2,487
	計	1,241 (50.3)	396 (12.9)	1,439 (46.8)	3,076

資料：宇野利右衛門『職工問題資料』1912年
出所：石塚裕道「東京の都市下層社会と『細民』住居論」

兵庫県高砂市にあった鐘紡の寄宿舎の絵はがき。鐘ヶ淵もこういうものだったのだろうか

●社宅の近代性

本所工場の寄宿舎は中央に庭園を設け、花が植えられ、庭園の両側に同じ形、同じ大きさの2階建てを並べた「対楼式」だった。「玉姫御殿」と似ていたようである。

地方では平屋もあり、久留米支店では樹木に囲まれた庭のあちこちに平屋が建つ形式だったという。近代的宿舎らしく、採光、通風に留意していた。

住道《すみのどう》支店の寄宿舎はガラス戸で、冬はストーブがあり、窓からは生駒山を望み、昼間寝る女工の前にカーテンがあり、ストーブの両側の押し入れには寝具と衣服などをしまえるようになっていた。全体に明るく清潔で、少し装飾

図表3−5　旧向島銭湯地図（1971年）

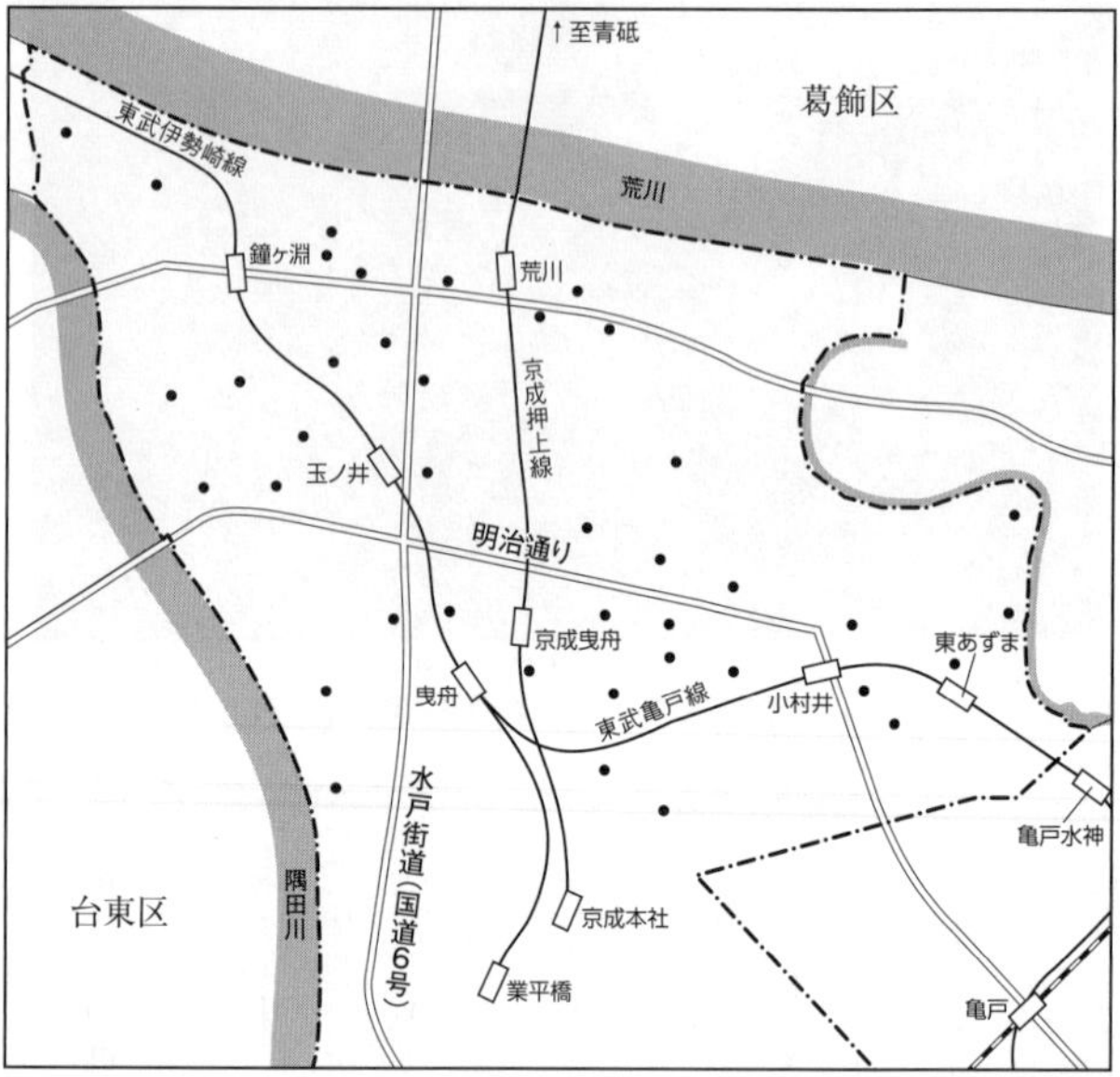

出所：三浦展作成

でもしたら中流並みの住居になるはずだと書かれている。

だが工場では昼番と夜番がいて交代制で働くので、寄宿舎では両方が同一の部屋に住んだらしい。つまり、寝具は昼夜担当2人でひとつである。だから寝具はずっと敷きっぱなしのこともあったという。前の女工が寝ていた体温が残るふとんに次の女工が寝て、布団を上げて掃除をするのは休日だけだった。夏は蚊が多いので蚊帳《かや》をつり、光が強く眠れないので部屋の明かり戸は閉め切られたと書いてあるので、ガラス窓ではなかったのかもしれない。換気が悪いので臭気が満ちて、カビが生えたとも書かれている。

寄宿舎には休養室というものもあり、説教、講話、宴会に使われた。休養室がない場合は食堂でそれらの活動が行われたらしい。兵庫支店の寄宿舎には１３０畳敷きの大広間があったそうだ。

食事は食堂でとるが、鐘紡では米は日本米だけであり、久留米支店などでも工場内に精米所を備えていた。料理の火は薪ではなくガスであったようだ。薪では煤《すす》が出るからであろう。浴室は共同で、30人くらいが一緒に入れる大きさ。蛇口をひねればお湯と水が加減できた。まあ、銭湯くらいのものであろう。中島支店には結髪《けっぱつ》室というのもあったが、各支店に最初からあったわけではないようだ。

洗濯は洗濯係が行ったが、自分で洗うために1、２カ所の洗濯場と物干し場があった。中津支店の洗濯場には給湯設備があったという。また、どの工場にも病室はあった。

物品販売場では小間物、文房具、菓子、砂糖、タバコ、反物《たんもの》、下駄などが売られており、値段は市販の物より2割ほど安価だった。

また寄宿舎ではなく社宅についてだが、中島支店の社宅では保育舎や4歳以上のための幼稚舎もあり、工場長の姉が保母を務めた。保育舎には看護師もいた。幼稚舎は無料だが、保育舎は給食があるので有料だった。ただし、給料の他に小児保育料が補助されたので実質は無料だった。さらに、社宅居住者の加入する社交倶楽部もあった。

なお、寄宿舎に住む職工と社宅に住む職工の違いがどこにあるのかはわからないが、おそらくはより高度な技術を持ち、高い給与を得る（あるいは高学歴の）職工が社宅に住んだのであろう。

●墨田区と保育

墨田区には鐘紡以外にも繊維産業が集まるため女性労働者が多い。よって共働きが多く、子どもを預ける必要が生じた。本所にできた東京帝国大学セツルメントにも託児部があり、「光の園保育学校」が設立された。なおセツルメントとは、その地域に住み込んで住民の支援を行う場所のことである。ほかにも１９１９年、賀川豊彦の下に集まった日本基督《きりすと》教婦人矯風会外人部関東部会に集う宣教師などを中心に本所松倉町（現在の東駒形）にセツルメントが開設され、興望館と命名されて託児・授産事業を開始。震災後は現在の京島１丁目に移転し、今も興望館保育園として続いている。

図表3－6　墨田区社会文化地図

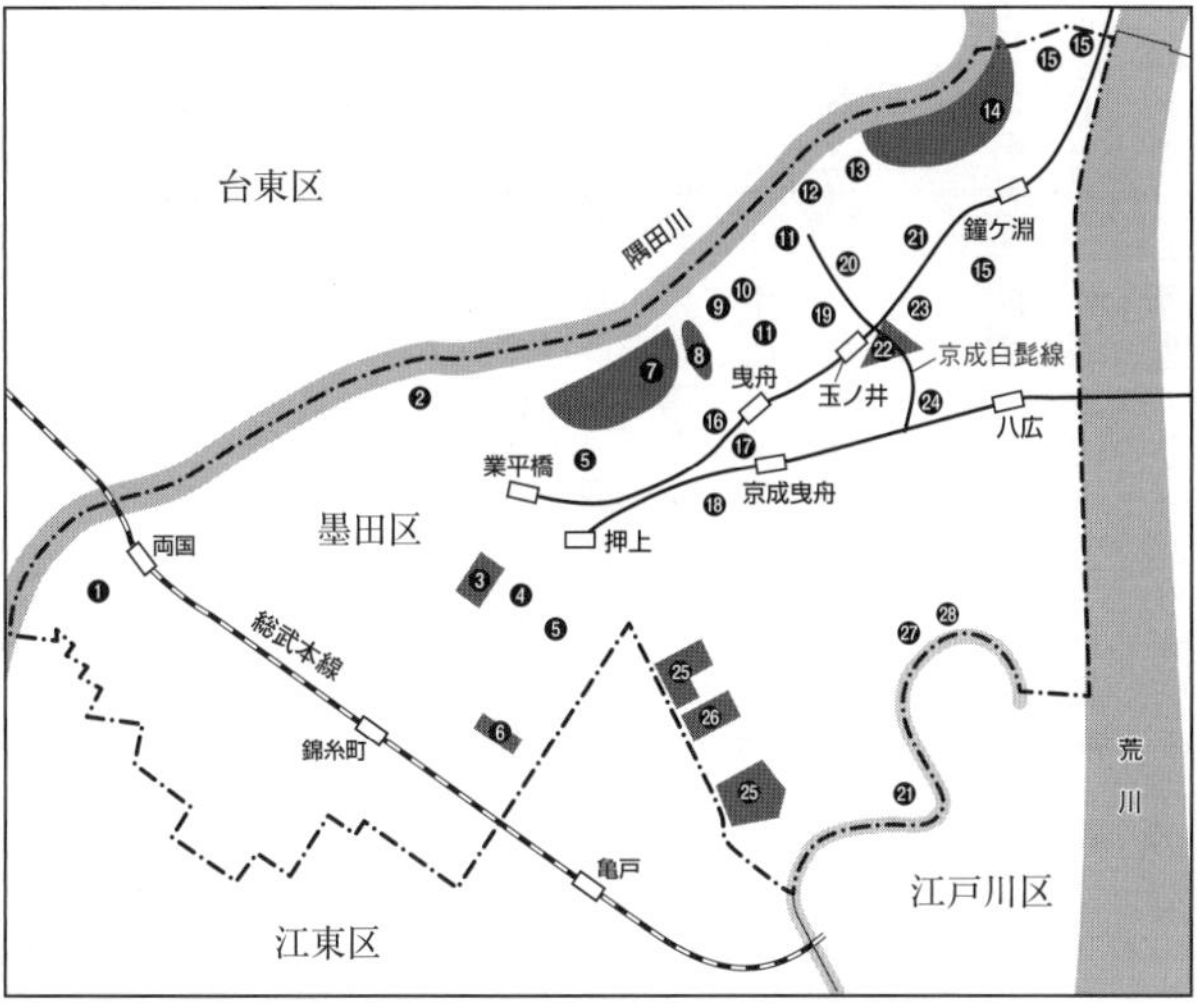

❶ 回向院・国技館
❷ 大日本麦酒工場
❸ 煙草専売局工場
❹ 吾嬬製鋼所
❺ 同潤会アパート
❻ 精工舎工場
❼ 向島花街
❽ 鳩の街
❾ 大倉別邸
❿ 中野公羽別荘跡
⓫ 幸田露伴　蝸牛庵
⓬ 花月華壇
⓭ 日活向島撮影所
⓮ 鐘紡工場
⓯ 鐘紡社宅
⓰ 日本電機工場
⓱ 資生堂工場
⓲ 興望館（保育所）
⓳ 向島百花園
⓴ 岐雲園
㉑ 鐘紡社宅
㉒ 戦前の玉の井私娼婦窟
㉓ 戦後の玉の井
㉔ ミツワ石鹸工場
㉕ 東京モスリン工場
㉖ 花王工場
㉗ 明治製革工場
㉘ 日本鉱業工場

注：上記物件は同じ年に存在したとは限らない。工場は主なもの
出所：三浦展作成

鐘ヶ淵の工場にも１９０２年に鐘ヶ淵乳児保育所が開設されていた（『すみだ郷土文化資料館だより』）。先ほど紹介した、東武線西側の社宅だった場所にある都営住宅にも現在、保育園が同じ建物内に併設されている。もしかしたら鐘紡社宅時代からここに保育園があったのかもしれない、と想像すると面白い。

公立保育園も始まり、１９２１年に東京市江東橋託児所ができ、現在は江東橋保育園となっている。

東大セツルメントは戦争の激化と共に思想弾圧を受け、１９３８年に解散したが、セツルメントの建物は恩賜《おんし》財団愛育会（現在の社会福祉法人恩賜財団母子愛育会）に譲渡され、愛育隣保館となり保育事業を行った。

戦後すぐの江東橋託児所の園長・鈴木とくは、戦前に東大セツルメント託児部や愛育隣保館で保育に携わった人物である。

●工場が軒並み閉鎖、移転

浦野正樹＋「産業と地域」研究会編「転換期における地域社会と生活の変容　ＰＡＲＴ３――鐘ヶ淵、大森西、地蔵通り商店街周辺地区を事例として――」によると、１９５９年に東京都は、東京一極集中を緩和するため、工場等制限法を制定した。工場の規模拡大を制限することで従業員数の増加を防ぎ、人口の増加を抑制する狙いであった。大工場だった鐘淵紡績は１９６２年、不況対策の一環として工場の操業を停止。69年には工場閉鎖に追い込まれた。工場跡地は70年に東京都の要望により都に売却され、その後「防災まちづくりプロジェクト」白鬚《しらひげ》東地区防災拠点の白鬚防災団地が建設された。この他にも、久保田鉄工隅田川工場、鐘ヶ淵スチール東京工場、日本電線などの鐘ヶ淵地域の大工場は、昭和40年代に軒並み閉鎖あるいは移転に追い込まれていくことになった。

従業員は社宅に暮らしていた場合も多かったが、それらも全てなくなってしまった。このため商店への影響も大きく、工場の従業員で成り立っていた飲食店や飲み屋は打撃を受け、店仕舞いするケースも少なくなかったという。

都営住宅の近くに大衆酒場の「牛太郎」という店を見つけたが、「働く人の酒場」と看板に書いてあった。昔は鐘紡の人も来たかもしれない。

●工場街が下町に近代的な生活像を示した

こうしてみると、労働はつらく寄宿舎は多少不潔なところもあっただろうが、おそらく地方の貧しい農村などから出てきた女工にとっては、あるいは当時まだ農村地帯だった下町の生活から見れば、十分近代的で、給湯設備がある洗濯場などは天国のようなものだと思われた可能性はある。託児所の整備も先進的だと言える。

下町では住宅の近代化は遅れ、下水道整備ですら１９７０年代以降にようやく進んだほどである。そういう中で、寄宿舎は学校や病院などと並んで、下町の住民に近代的な建築と生活を示す場所だったかもしれない。

建築・都市研究には工場街の研究というものがある。下町研究にはこの工場街研究が不可欠であろう。単に工場がいつできたかだけではなく、ひとつの街としての工場の研究である。たとえば蒲田にはかつて、黒澤商店の工場や三省堂の印刷工場があり、いずれも近代的で理想主義的な工場街をつくっていた。三省堂工場はニューヨーク州のガーデンシティ地区のまちづくりに学んだものである（拙著『東京田園モダン』参照）。

考えてみれば寄宿舎のある工場街は一種の団地であり、それゆえ一般国民よりは早く近代的な生活が実現した。だから、戦後の団地がそうであったように、工場街をモデルにして一般国民の暮らしが近代的な方向に変わっていった側面もあろう。

東京西南部・山の手地区では生活の近代化の歩みが早かったので、工場街についても生活の近代化が早く進み、それについての研究も少しは進展したのかもしれないが、今後は下町でも工場街などの観点から独自の住宅史・都市史が進むことが望まれよう。

●賀川豊彦、吉野作造、今和次郎のつながり

話を戻すと、20世紀になって、東京の各地、特に下町では貧困問題の拡大に対応して、職業紹介、失業対策などさまざまな政策が打たれ、慈善事業も行われたわけだが、１９２５年は東京府が不良住宅地区を調査。前述した社会事業家の賀川豊彦は震災の被害状況を調べ、本所に拠点を置いて無料診療、妊婦や幼児の保護といった活動を始めた。

近年『君たちはどう生きるか』が再びベストセラーになった、あの吉野源三郎も賀川に協力した。東大医学部寄宿舎ＯＢによる夜間無料診療所を本所・柳島植森町（現・墨田区太平3丁目）に開設し、そこから発展して18年に「賛育会妊婦乳児相談所」を開設し託児所も設けた。賛育会は30年に「賛育会病院」を建設し、今も同じ場所にある。設計者は、帝国ホテルの設計の際にフランク・ロイド・ライトの下で働いた遠藤新《あらた》である。

同潤会柳島アパートや中之郷アパートができ、柳島アパートの近くには前述の東京帝国大学学生によるセツルメントがつくられた。そしてこのセツルメントの設計をしたのが今和次

郎だった。

現在、本所は深川（清澄白河）などと同様、再開発が進み、新しいタワーマンションやオフィスビルが増えている。そうなると過去の歴史が消えてわからなくなる。だが、これらの街は、災害、労働、貧困、民衆を支援した社会事業といった側面を見なければ十分に語れないのである。

私が文学散歩でも建築散歩でもない、人々の汗と涙の歴史をたどる「社会散歩」を勧める理由がそこにある。

荒川区

都心から押し出されてできた昭和の下町

●東京23区北部への注目

荒川区は現在、最も地価上昇率が高い区である。２０２０年の公示地価上昇率では、住宅地が１位、商業地が台東区、北区に次ぎ、港区と並んで３位である。地価上昇の理由はいうまでもなく近年の人口増加であり、今後も人口増加が期待されるために土地が買われているからである。

荒川区の人口は戦争中の１９４３年に35万人でピークだった。戦争直後は減少、60年に28万５０００人まで回復したが、その後また減少。だが２０００年代に入ってからは人口が増加し、２０２０年は21万７０００人にまで増えている（**図表３‐７**）。

中央区でも港区でも江東区でも世田谷区でもない荒川区でなぜ人口が増え、地価が上がる

図表3−7　荒川区の人口と世帯数

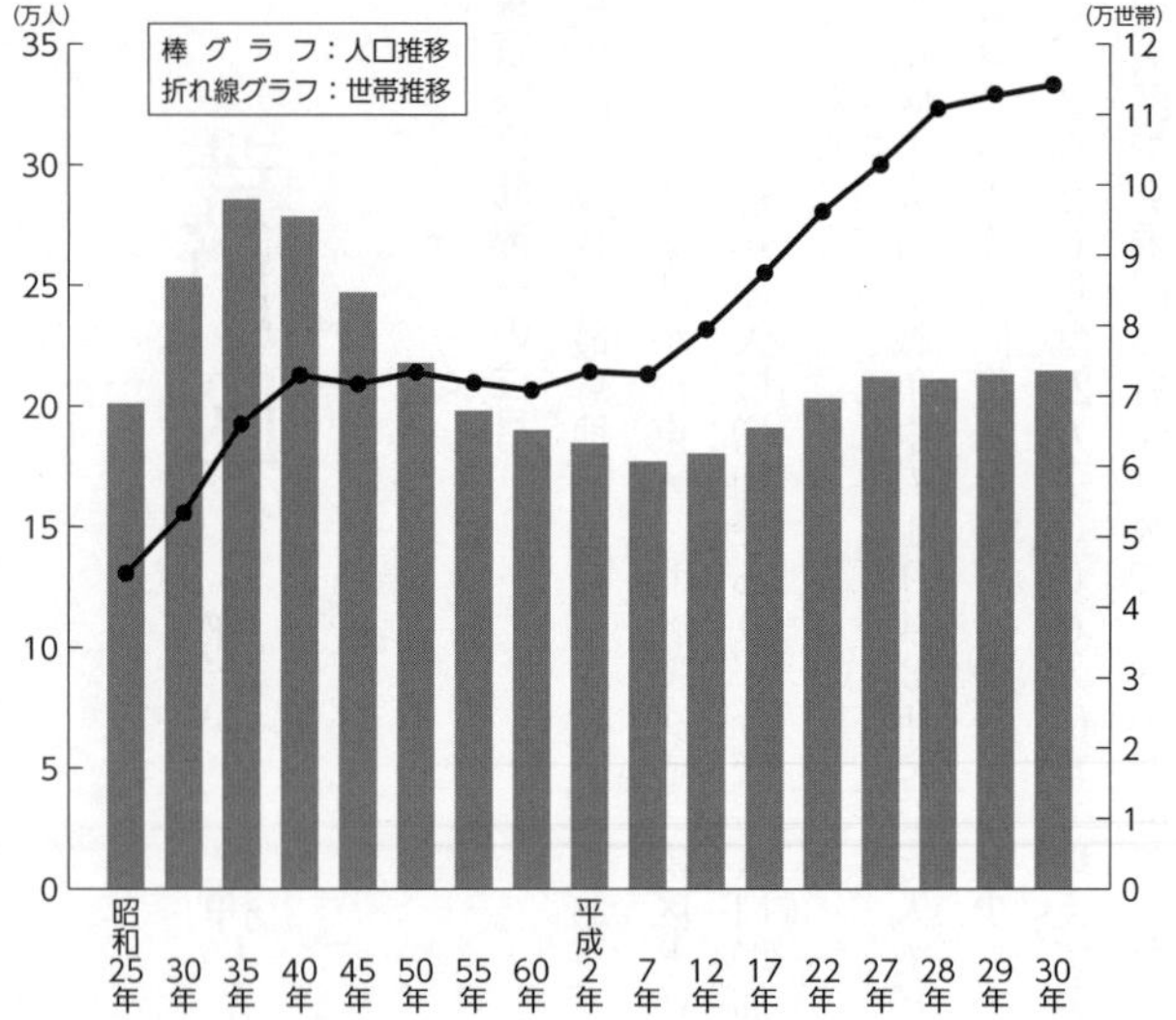

出所：荒川区ホームページ

のか。疑問に思う人も少なくないだろう。簡単に言えば、都心に近いにもかかわらず、これまで荒川区は住宅地としては見なされてこなかったのが、近年マンション建設が進み、急に住宅地として注目されてきた、ということである。それらの地域に行ってみればわかるが、まずマンション用地がまだ多い。準工業地域も多いので高層化がしやすい。

　交通面でも、荒川区は日暮里駅からの成田スカイアクセス、舎人《とねり》ライナーによって利便性が高まったし、足立区はそれらに加えてつくばエクスプレスができた。ビジネスパーソンにとって便利な街になったのだ。

　都心３区、台東区、江東区、墨田区などに近年たくさんのマンションが建ち、人口増加に寄与してきたが、それらの地域で飽和感が出始めたところで、このような理由から、荒川区などの北部地域に注目が集まったのだろう。

●湿地帯から工業の町へ

　明治以前の荒川区は基本的には水田地帯、湿地帯だった。幕末の歌川広重の作品を見ても、「箕輪金杉三河しま」というタイトルの絵は鶴が沼地にいる図である。江戸時代、将軍は鷹狩りといって、江戸近郊の各地に鷹を使ってキジなどの狩猟をしたが、その鷹狩りの最大の獲物が鶴《つる》である。三ノ輪あたりでも鶴を狩ったらしい。それくらい荒川区あたりは自然が豊かだった。

　ところが東京の近代化によって、荒川区には工業を中心とする職業の人口が増えた。荒川区の最初の大きな工場は、隅田川沿いの田んぼをつぶして１８７９年にできた千住製絨《じゅう》所である。当時はまだ珍しい煉瓦づくりの巨大な工場で、羊毛の布をつくった。これは軍服のためのものであり、特に日露戦争や第一次世界大戦で需要が増し、１９１５年にはロシアからも注文を受けたという。

その他、南千住に東京毛織、日本石油、東京瓦斯などの工場ができ、荒川区は一大工場地帯となっていく。１８８９年の南千住の工場数はたった2カ所だったが、１９１8年には68カ所に増え、工業生産額は４万８４７４円から３４３４万６０００円に激増。また１９１２年には鬼怒川電気東京変電所、14年には東京電燈（現在の東京電力）田端変電所、同・荒川変電所など、以来次々と電力関係の施設ができた。

さらに１９０７年には「衛生上の見地から」屑物業が東京市内から郡部への移転を命じられ、日暮里、三河島に移転してきた。１９１３年には関東屑物商組合が結成され、東京に入荷される屑物のほとんどが日暮里方面に集まるようになった。こうして荒川区には工業・屑物関係の労働者が多く住むようになった。

荒川区の人口は１９００年には2万１６３４人に過ぎなかったが、こうして関東大震災前の１９２０年には12万１４１２人と6倍近く増加した。

その間、第一下町である日本橋区、京橋区の人口は減少、神田区は微増しただけである。対して、第二下町である浅草区、下谷区、芝区が数割増加。

さらに向島区の人口は１９００年の１万１４７３人から20年は6万４４２６人に激増。城東区は１万３１２３人から７万３０６５人とやはり６倍近くに、品川区は２万５５７２人から11万２５５５人と４倍に増加している（荒川区、向島区、城東区、品川区〈荏原区を含まない〉は１９３２年に成立）。

つまり、浅草区の北側の荒川区、本所区の北側の向島区、深川区の東側の城東区、芝区の南側の品川区へと人口増加地域が外縁部に移動・拡大し、第三下町が形成されていったのである。

荒川区の中で最初に人口が増加した地域は、現在の台東区に隣接した南千住と日暮里であった。しかし関東大震災後の１９２３年には三河島の人口が南千住や日暮里より増え、30年になると尾久の人口が最大になった。同じ荒川区内でも、台東区に近い側から発展していったのである。

１９３２年から35年までの数年間、荒川区の工業は最高潮に達した。１９３５年の工場を規模別に見ると、全体では１１５３カ所の工場のうち、従業員１～４人の零細工場が６５２、５～30人が４３６と圧倒的に小規模であり、１００人以上は12カ所だけであった。特に金属製品工場は３１５のうち２０９カ所が１～４人と零細中心であり、南千住以外の地域にそうした零細工場が密集することになった。

味のある古い町工場がまだたくさんある

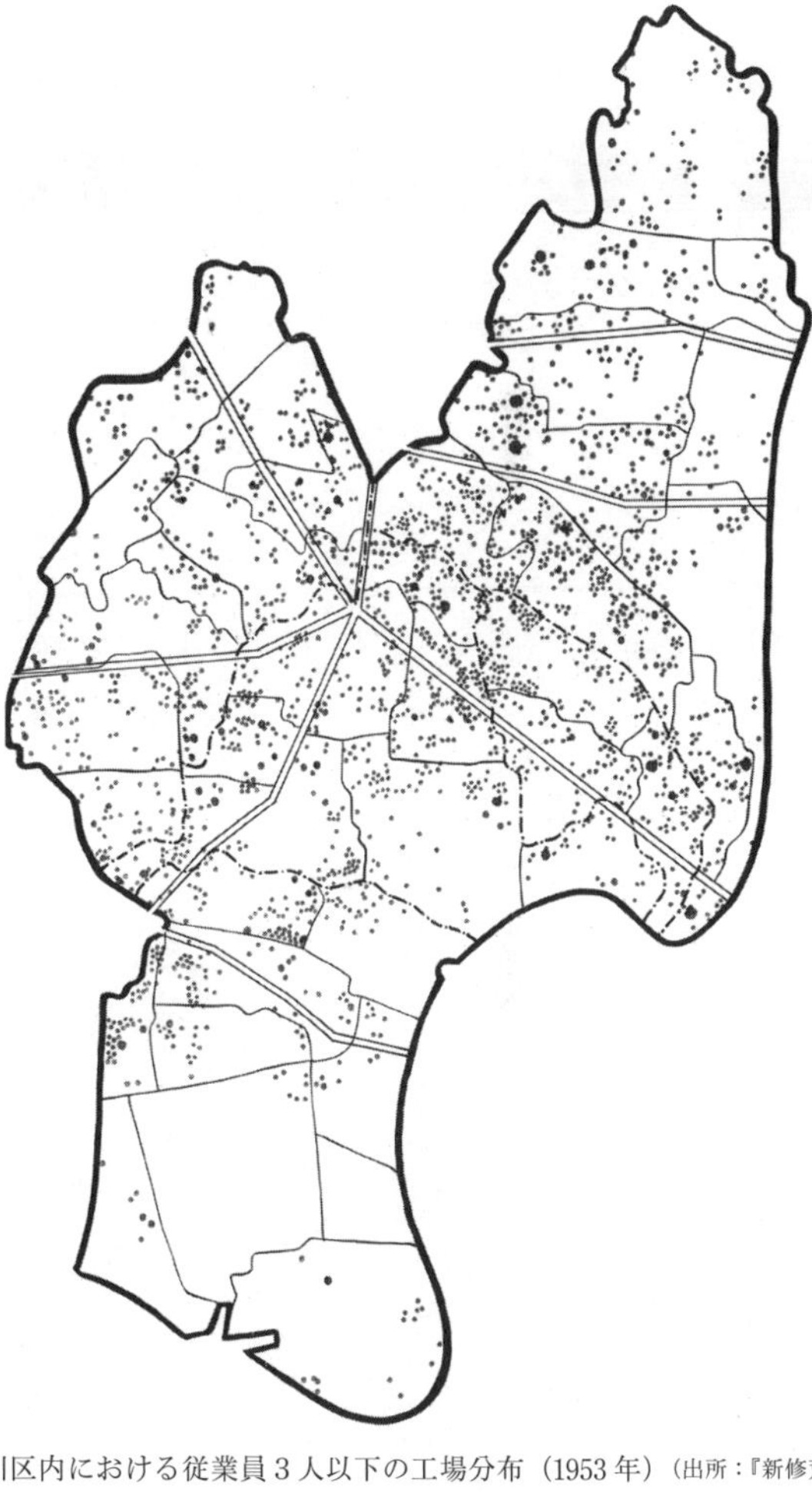

荒川区内における従業員３人以下の工場分布（1953年）（出所：『新修荒川区史　下巻』）

また、荒川区の小規模工場は台東区などの親工場からの下請けが多かった。1953年の数字だが、製造品の1948件の商流のうち、台東区への納品が357件であり、23区全体で746を占めた。

◇コラム　荒川区の鉛筆職人は他地域からやって来た

荒川区らしい産業として鉛筆製造業がある。１９８４年ですら全国の鉛筆工場31カ所のうち東京が26カ所であり、なんとそのうち荒川区が19カ所だった（今はかなり減ったであろう）。

しかも面白いのが三菱、トンボ、コーリンという大手の工場ではないところだ。住居併用の零細工場が多く、他の町工場と混在しているので外観から鉛筆工場だとはわからなかったらしい。

鉛筆製造技術は明治初頭に日本に伝わり、１８９７年（明治30年）頃には旧東京市内の小石川、下谷などに工場があったが、その後市外に広がり、明治末期には本所、向島、日暮里、田端などに立地するようになった。まさに第二下町から第三下町に移動・拡大したのである。

さらに関東大震災により本所や浅草付近にあった工場が、荒川区の空き地が多く地価の安い町屋付近に移転した。日暮里も被災したので工場が町屋付近に移転。こうして大正から昭和初期にかけて荒川区に移転したり創業したりした鉛筆工場が多かったという。

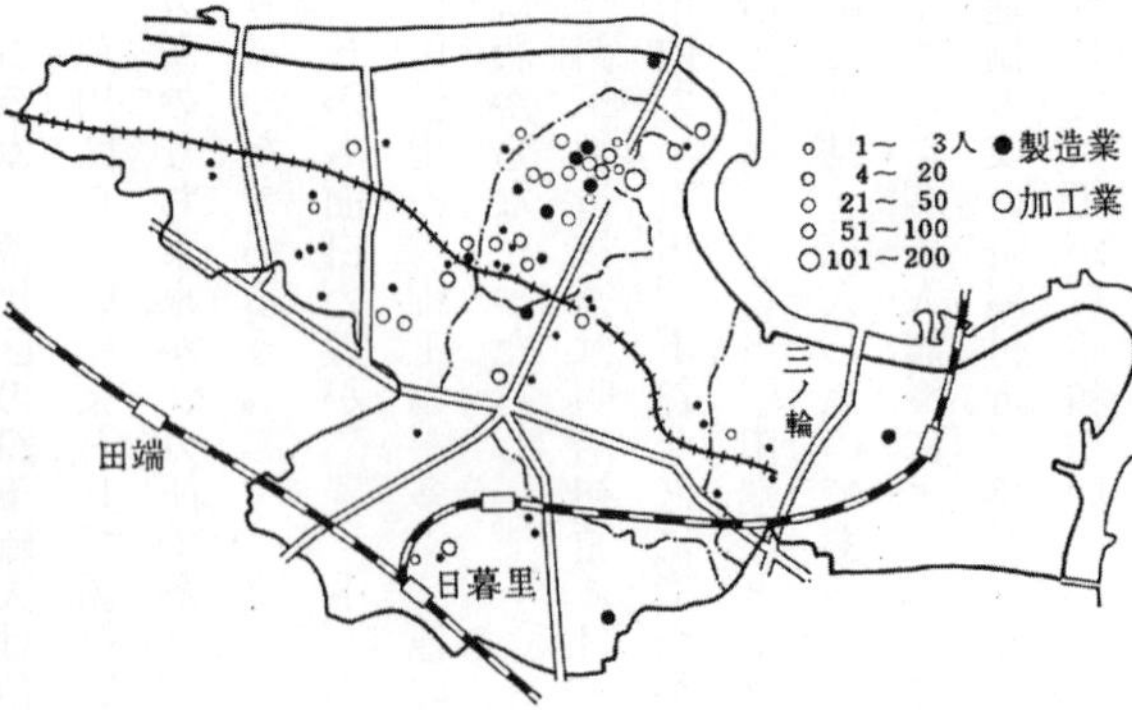

荒川区における鉛筆工場の分布（出所：『新修荒川区史　下巻』）

荒川４丁目にあった鉛筆工場の創業者Ａさんも、明治30年代末に12歳で下谷区入谷の鉛筆工場へ奉公に出て、その後職を転々としたが、大正の中頃に三河島に移り、鉛筆工場をつくったという。

町屋２丁目にあった鉛筆業者Ｂさんは、山梨県の養蚕《ようさん》農家に生まれたが、小学校３年生のとき、両親とともに上京、叔父が経営する下谷区御徒町の鉛筆工場で兄と働いた。１９２１年、兄の工場が三河島に移転。騒音とホコリを出す鉛筆工場は近隣から迷惑がられたのと、広い土地を求めてのことだった。Ｂさんも１９４１年に独立し、町屋で鉛筆工場を開いた。

Ｃさんの家はもともと横浜だったが、２

歳で本所に引っ越し、そこが区画整理されたので三河島に移り、父は飴の行商をしていたが、Cさんは13歳で家の近くの鉛筆工場で働いた。といっても主人と二人だけである。近所に鉛筆工場が5軒ほどあったが、ほかに仕事はなかったという。戦後、Cさんは町屋5丁目で鉛筆の印刷加工業を経営した。

このように多くの鉛筆工場が第二下町から移転してきたり、荒川区内で創業したりしたのである。

●技能者の区にアーチストが住む

荒川区の産業は鉛筆の他にも業種的にも幅が広く、既製服、家具、紙器、セルロイド、ゴム、皮革、自転車、三輪車、玩具など、多様な業種の中小工場が成立した。だから荒川区を歩くと、今でも、あっ、こういうものは荒川区でつくっていたのかと驚くことがある。おそらく高度成長期に荒川区を歩いたら、街中に機械の音が響き、ありとあらゆる物が生産されている風景を目にすることができただろう。

そのため荒川区では区として登録無形文化財保持者を指定している。分野としてはこれまで、筆・刷毛《はけ》づくり、染織・刺繍《ししゅう》、看板文字、人形づくり、竹工、漆工《しっこう》、木工、金工などで保持者が指定されている。

また区内において長く同一の職業に従事し、培《つちか》った高い技術と卓越した技能をもって後進の指導・育成に力を注いでいる技能者を、「モノづくりのまち・荒川」を象徴する存在として、「荒川マイスター」に認定している。

条件は、主として区内で職業に従事し、同一の職業に30年以上従事し、満年齢が45歳以上であること。技術・技能が卓越しているとともに、そのことが業界にも認知されていることなどである。

このように荒川区は工業を中心に、20世紀の東京の産業を下支えしてきた区であったと言える。それだけに区内には今は操業を停止した工場や空き倉庫などが多い。それらが近年マンションに変わっているのであろう。

今は工場が減っているし、騒音もほとんどない。商店街は衰退気味ではあるが、まだ数は多い。人口が増えれば新しい店もできるだろう。今回の調査でも尾久の熊野前や小台の商店街に新しいカフェや飲食店ができていたし、東日暮里ではアーチストインレジデンスと思《おぼ》しき物件にもいくつか遭遇した。かつての映画館金美館では最近若い世代により映画上映会などのイベントが行われているという。また小台通りの銭湯、梅の湯は新築されてとても清潔で気持ちがよい空間に変わった。

銭湯や長屋や商店街があって職人が住んでいる庶民的な街は、墨田区京島などと同じで、若いアーチストなどには住みやすいのであろう。

●耕地整理事業により震災前後の人口増を吸収

明治から大正にかけて、全国各地で耕地整理事業が行われた。地域ごとに協同組合をつくり、道が細く曲がっていて形のふぞろいな田んぼや畑などを区画整理して、道を広くまっす

実に味わい深い古い商店

ぐにし、灌漑《かんがい》用水を整備し、田んぼや畑の生産性を高めると同時に、住宅地や工場に転用できるようにしたのである。

荒川区でも、まず１９０９年に三河島で耕地整理が開始。１９０２年には西日暮里でも認可。結果、水田や湿地帯は畑となり、１９２０年代には畑を住宅地にする動きが激しくなり、関東大震災前後における荒川区内への人口流入を受け入れることができたのである。

その後、現在の東日暮里方面にあたる金杉字《あざ》井戸田は１９２３年の関東大震災で焦土と化し、区画整理を行った。ところが、整理完了直後の１９２５年に、２１００戸以上が焼失する大火事があったために、さらに区画整理が行われ、28年に工事が完了したという。

●商店街がどんどんできた

荒川区では１９１５年に王子電車（現在の都営荒川線）が三ノ輪から王子まで開通していたこともあり、その駅ごとに商店街が生まれたようである。

そこに関東大震災があり、移住者が増え、商店街がさらに発達した。特に発展したのは町屋である。明治時代の町屋は戸数72戸程度であり、商店といってもよろず屋と豆腐屋、居酒屋が２軒に醤油づくり屋があったくらいだった。

だから町屋では震災の被害はほとんどなく、そのため旧市内から町屋への移住が増え、田畑が住宅に変わっていき、地域の有志により道路も造成された。

戦前に最も栄えていたのは現在の荒川線の町屋２丁目駅から南東に延びる町屋銀座（昔は「江戸道」と言われた）である。人通りが多く、２００～３００ｍの商店街を歩くのに20分もかかり、おかげでスリが横行するほどであった（『町屋の民俗』）。

普段はタバコ屋だが、夏は氷屋、冬はお汁粉やきんつばを売り、３月にはおひな様を、春には植木を、お盆には仏壇・仏具を、暮れにはお宮を売るような店（際物《きわもの》屋という）もあった。

呉服屋などの衣料関係の店も多く、浦安など遠くからも客が来たという。商店街からは富士山も見えた。

1931年になると京成本線町屋駅ができ、北千住側と結ぶ尾竹橋もできて、尾竹橋通りに商店街が形成され、町屋銀座からも商店が進出し、戦後になると尾竹橋通りの商店街が活況を呈《てい》するようになった。

戦後の商店街の賑わいの中心地は荒川銀座商店街だった。町屋駅から尾竹橋通りを北に延びる商店街である。尾竹橋通り沿いの、今はライオンズプラザマンションが建っているところは、戦後すぐに露店が建っていて、そこに荒川国際劇場という映画館が誘致され、その後も何館かの映画館ができたという。

西日暮里駅の東側の低地では、渡辺町と同じ年、新堀村の名主の冠《かんむり》権四郎が、旧・日暮里8丁目の自己所有地を開発し、冠1〜3丁目と命名した。今、西日暮里6丁目から三河島までを結ぶ冠新道《かんむりしんどう》はその名残である（新堀村は日暮里の元の名称）。

また王子電車の開通とともに、熊野前駅、小台《おだい》駅近くにも、それぞれ熊野前銀座、小台銀座という商店街が成立した。これらの商店街は、尾久にできた花街の発展とともに発展し、

20年ほど前の駄菓子屋横丁

１９２３年には３５０軒余りの商店が栄えた（「尾久の民俗」）。

日暮里駅前にあって有名だった駄菓子屋横丁は、実は戦後にできたものである。戦後すぐに露店が並び、甘いものを求めて人々が押し寄せた。配給統制を逃れて、関東各地からかつぎ屋が運んできたヤミ芋を加工して飴をつくったという。

１９５２年には区画整理事業があり、日暮里駅前の露店はちゃんとした店を構え、駄菓子屋問屋街となった。これにより多くの露店が日暮里を去り、消費者も地元の駄菓子屋に行くようになった。

●文化的住宅地づくりもあった

荒川区というと職住一致の小規模な住宅が多いイメージもあるが、住宅開発についていうと日暮

鬼怒電通り商工会の碑が残っていた

里で1916年、渡辺保全会社が開成中学付近の旧・日暮里7丁目の自己所有地を住宅地化し、いわゆる「渡辺町」をつくったのが有名である。ただしこれは西日暮里駅の西側の、山の手の話ではある。

　低地側では、尾久で、芝区三田綱町の富豪・富岡俊治郎《としじろう》が計画した住宅地ができた。当時まだ珍しい下水道完備の文化的住宅地であり「富岡町」と命名された。尾久村長・三橋周之助も賛同して建設した住宅地であり、尾久小学校の隣接地1万坪の土地に1923年にできたという。今はないが、おそらく小学校の南側だと思われる。

　富岡俊次郎は東京商船学校卒業、1902年に渋沢栄一の浦賀船渠《せんきょ》の取締役に、1916年に同じく渋沢栄一の東京機械製作所の社長になるなど経済界で活躍した人物らしい。1923年といえば渋沢栄一による田園調布完成の年でもあるから、富岡としても荒川区に文化的住宅地をつくろうとしたのかもしれない。

冠新道商店街

●各種の住環境改良事業

　他方、急激な人口増加により都心から押し出されるように移住してきた貧しい人々も増え、それが住環境の悪化をもたらし、衛生・通風・保安の上で深刻な状況を生んだ。

　そのため、これらの地域で住宅環境の改善、失業者や貧困者に仕事を与えるさまざまな社会事業が始まった。

　住宅については、１９２７年に「不良住宅地区改良法」が公布され、東京府は32年に鉄筋アパート「三河島共同住宅」を竣工。日暮里では同潤会による不良住宅改良事業が行われ、近代的な二階建ての木造住宅地が建設され、今もある程度残っている。同潤会による

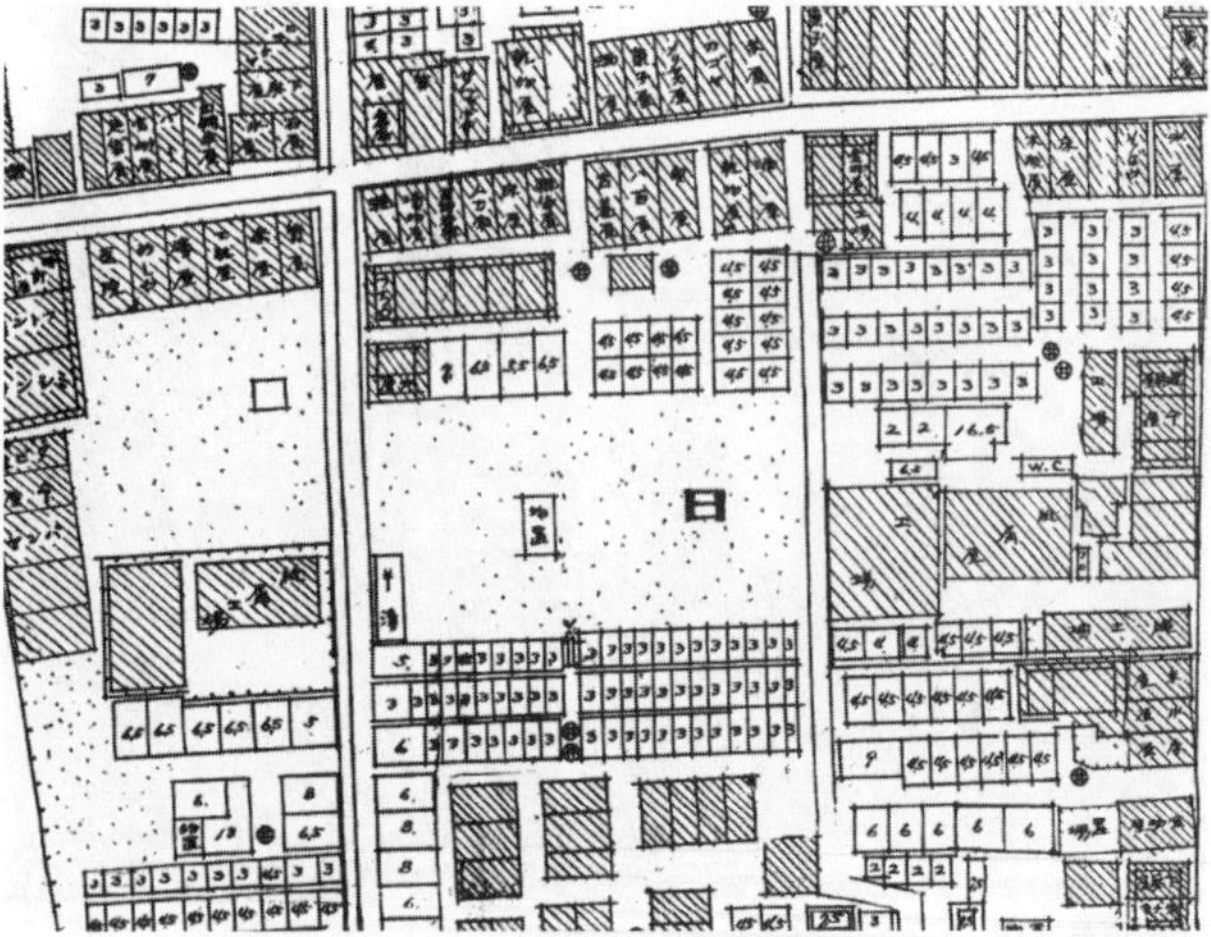

同潤会による改良事業が行われる前の不良住宅地区。３畳しかない家が並んでいる（出所：東京府学務部社会課『東京府郡部（隣接五郡）集団的不良住宅地区集』）

鉄筋コンクリートのアパートも現在の東日暮里に2カ所建設された（日暮里アパートと鶯谷アパート）。

ついでにいうと、震災後はアパートブームであり、鉄筋でも木造でも民間によるアパート建設が盛んになった。

荒川区でもそのブームはあったようで『昭和前期商工地図』を見ていると、荒川区の小台通りの銭湯梅の湯の向かいくらいに「城北アパートハウス」というものを見つけた。写真も付いているが、木造のようにも見える。玄関だけモルタルで石づくり風に仕上げたのではないか。しかも「アパート」ではなく「アバート」である！

実は当時「アバート」はたくさんあった

現在の同潤会住宅地

と、東大教授の大月敏雄が若い時に論文を書いている。昔日本人は「フィルム」を「フイルム」、「ファン」を「フアン」と発音していたが、それと似たような間違いか。とにかくアパートとは何かよくわからない人までがアパートをつくるほど、アパートが流行ったということであろう。

城北アバートハウス

●東京府社会事業協会の「日暮里小住宅」

話を戻す。

荒川区の授産事業として愛隣団、上宮教会、仁風会などによる授産所や共同作業所ができ、裁縫などの各種の製造加工などの仕事を与え、内職の斡旋《あっせん》、講習会の開催などを行った。

また上智大学のセツルメントが町屋に、看護婦セツルメントが尾久にできるなど多くの宗教関連の社会事業施設がつくられた（上智社会事業団の教会と保育園は今もある）。

さらに東京府社会事業協会は、荒川区内の各所に日用品廉売供給所、共同浴場、幼児保育所などを設置し、１９１９年に「日暮里小住宅」を建設。そこに託児所、公益質屋、共同の浴場と洗濯場をつくった。託児所は日本女子大の桜楓会の丸山ちよが経営していた（詳しくは拙著『東京田園モダン』参照）。『不良住宅地区集』を見ると、日暮里小住宅の右上に銭湯があるが、これが共同浴場なのかは調べ切れなかった。

●東京都に廃品回収業者を押しつけられた

浴場については、民間ではなく慈善団体が設置した公益浴場というものが当時はあり、日暮里小住宅の共同浴場もそうした公益浴場のひとつである。

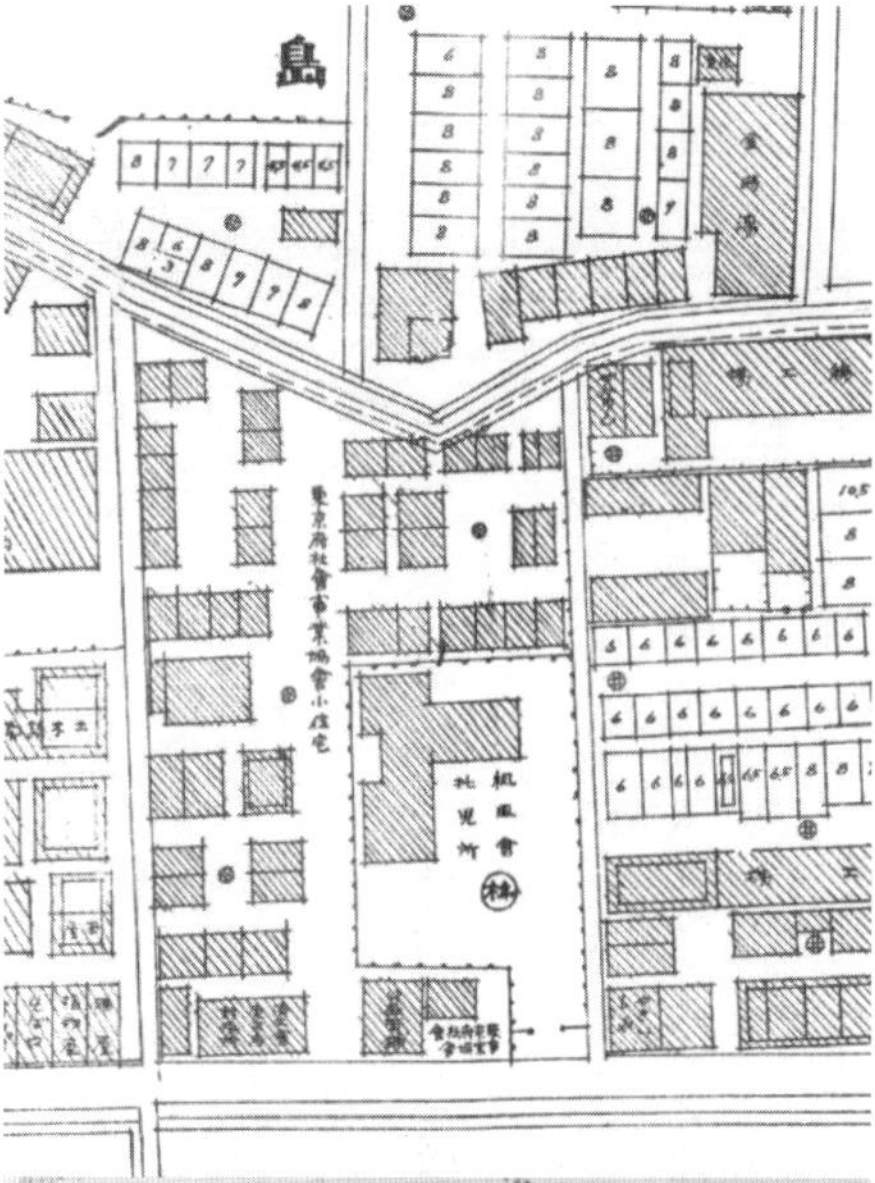

（上）東京府社会事業協会小住宅と桜楓会託児所（出所：東京府学務部社会課『東京府郡部（隣接五郡）集団的不良住宅地区集』）

（下）日暮里小住宅

その後、東京市の社会局が設置した公設浴場が、まず月島２号地の公設住宅に附設してつくられ、次に深川の古石場の東京市営住宅に附設してつくられた（川端美季『近代日本の公衆浴場運動』）。

荒川区には貧しい労働者階級も多く住んだために、このように先進的な社会事業、住宅事業が行われたのだった。

第二次大戦後の１９５０年代初頭、東京には空襲で焼け出された浮浪者などの人々が住む「仮小屋」集落が発生していた。上野・寛永寺境内《けいだい》、墨田公園、後楽園、今戸橋、深川高橋、秋葉原ガード下、御茶ノ水河岸、果ては帝国ホテル敷地内にまで、中央区、台東区、千代田区など１４４カ所あり、４１０４人が暮らした。

これをなんとかしようと、東京都民政局は荒川区の屑物拾集業者に３００万円を貸し付けて、帝国ホテル敷地内の仮小屋の住人を受け入れるように要請したこともあったという（岩田正美『貧困の戦後史』）。

１９６４年のオリンピックに向けて東京都心部はどんどんきれいになっていった。しかしそれは、部屋に散らかっているモノを押し入れに詰め込むように、見栄えのよくないものを下町に押しつけることでもあったのだ。

図表3－8　荒川区 大正・昭和社会文化地図

出所：三浦展『東京田園モダン』

●遊園地と映画館

下町らしさといえば、人情味とか、庶民性とか、親しさ、気安さなどが連想されるが、一方で、楽しさ、明るさというものもあるのではないか。まあ、つまり落語の世界である。

逆に、山の手を舞台にした落語というものはない。山の手に住む武士は、落語ではからかいの対象である。

だから、寄席はもちろん、演芸、映画などの娯楽全般は下町で発達したわけで、その代表が浅草だ。荒川区も、農村だった時代には、浅草方面に遊びに行ったたらしい。

だが大正時代になると、荒川区も小さな区であるわりには、浅草との距離的近さもあったからか、娯

映画館のある商店街のにぎわい（1955年）（出所：荒川区『目で見る荒川区50年のあゆみ）

楽施設が増えた。

　また、荒川区と隣接する台東区根岸には戦後の娯楽の帝王・林家三平が住んでいたし、大河ドラマでビートたけしが演じた古《こ》今亭《こんてい》志《し》ん生《しょう》は谷中に住んでいたが、行政上の住所は荒川区西日暮里だった。

　荒川区の映画館というと、１９２１年に金杉（東日暮里）にできた金杉館や第一金美館が最初らしい。22年に尾久万歳館、23年に尾久館、第三金美館ができた。尾久には温泉旅館、芸妓屋もあったので、たいそう街が賑わったそうだ。以後、日暮里キネマ館、日の出館ができて、昭和になり三山シネマができた。

　また寄席・演芸場・芝居小屋としては、

中村座、さくら館、美登里館、菊住館などが１９２２年から25年にできたほか、ビリヤード場、釣り堀、囲碁・将棋の会所などがあった。

ただし荒川区の映画館は、１番館ではない。つまり映画の最初の上映は浅草で行われ、その後の２番館、３番館が荒川区にあったのだという。

寄席については大正から昭和にかけて日暮里と三河島にそれぞれ５軒、南千住に４軒、尾久に３軒あった。商店主が店の二階を寄席にすることも多かった。映画館と寄席が隣接して建てられることも少なくなかった。その周りに射的場、碁会所、居酒屋、洋食屋が開業し、遊楽街が出現する地域もあったという。

やはり１９２２年、尾久にはもうひとつ大きな施設ができた。東京野球倶楽部が現在の西尾久７丁目の１万５０００坪の土地を借りてつくった野球場「尾久球場」である。経営は荒川遊園と同じ広岡勘兵衛や、尾久の佐藤病院の院長らによるものだった（しばらくして経営難により閉鎖）。

このように１９２２年頃の尾久には、三業地、遊園地、映画館、野球場など、さまざまな娯楽施設が次々とできて栄えたのである。

また荒川区の娯楽施設といえば、あらかわ遊園を忘れることはできない。ここは江戸時代には大きな武家屋敷であり、荒川の水を引き入れた池を中心とした回遊式汐入の庭園があったといわれている。

それが明治時代に煉瓦工場となったが火事で焼失。工場の所有者だった広岡勘兵衛は有志数名とともに遊園の創設を企画し、王子電気軌道会社社長の金光庸夫の援助を得つつ、荒川遊園を開業した。

このように荒川区の歴史はまさに昭和の庶民の歴史である。底辺労働の苦しみも、貧乏な長屋も、人間味のある近所づきあいも、活気のある商店街も、そこにはあった。神田のようなちゃきちゃきの江戸っ子の下町ではなく、地方から集まった人々が方言混じりの言葉で話す朴訥な下町、それが荒川区だったのだ。

考えてみれば、本書の冒頭に記したテレビドラマ『時間ですよ』や、同じ久世《くぜ》光彦《てるひこ》プロデュースの『寺内貫太郎一家』には、東北弁やズーズー弁を話す職人たちが必ず出てきて、それらの役を米沢出身の伴淳《ばんじゅん》三郎《さぶろう》、石巻出身の由利徹《とおる》らが演じていたのである。『時間ですよ』の船越英二と森光子の夫婦も富山出身という設定であった（実際、東京の銭湯には富山、新潟の出身者が多い）。そういう意味では喧嘩っ早い江戸っ子とは異なる下町住民がいたのである。

汐入

震災後にできた長屋も再開発でタワマンに

●陸の孤島・汐入

　今は再開発されてマンションが林立する南千住駅東側、隅田川沿いの一帯は、かつては汐《しお》入《いり》と呼ばれた。長屋などが建ち並ぶ庶民的な街で、再開発でこの街がなくなることに対しては多くの人々が哀惜《あいせき》の念を抱いたらしい。そこで、荒川区の中でもこの汐入について特別に紹介していく。

　汐入の草分け百姓は高田喜左右衛門、高田七兵衛、竹内庄兵衛、杉本左右衛門の４人である。いずれも上杉謙信の家臣であったが、戦乱の中、汐入に落ち延びてきたらしい。

　ちなみに私は上杉謙信の居城・春日山のあった新潟県の旧・高田市の出身の三浦姓であるから、もしかしたらご先祖様とどこかでつながっているのかもしれないなどと勝手に想像すると面白い。

それはともかく汐入は、もともとは江戸時代からの農村で、１８７４〜75年には農家が20戸ほど、１９１５年（大正４年）には29戸、人口１５０人だった。とはいえすべて後述する高田家などの本家・分家関係であり、外から来て増えたのではないという。

ところが汐入の南隣の南千住では、１８８９年（明治22年）の１８００戸、９０００人が、１９１１年（明治44年）には６５００戸、２万２０００人に激増した。工場の増加のためである。それに比して、汐入の人口は大正時代でもわずかである。汐入は隅田川に囲まれ、南は鉄道操車場や工場によって隔てられていたので、陸の孤島のような位置にあり、都市化の波を受けにくかったためだという。

●工場労働者のための借家建設

しかし１８９３年の日本鉄道工場開業を機に、汐入の地主たちは宅地経営に乗り出した。草分けとは別の、浅草今戸から来た地主の三浦家が宅地経営をした最初らしい（荒川区『汐入の民俗』、汐入研究会『東京周縁の居住地形成と変容に関する歴史・計画学的研究』）。

さらに明治末から大正時代に東京紡績（その後のユニチカ）、東京毛織など多くの工場が

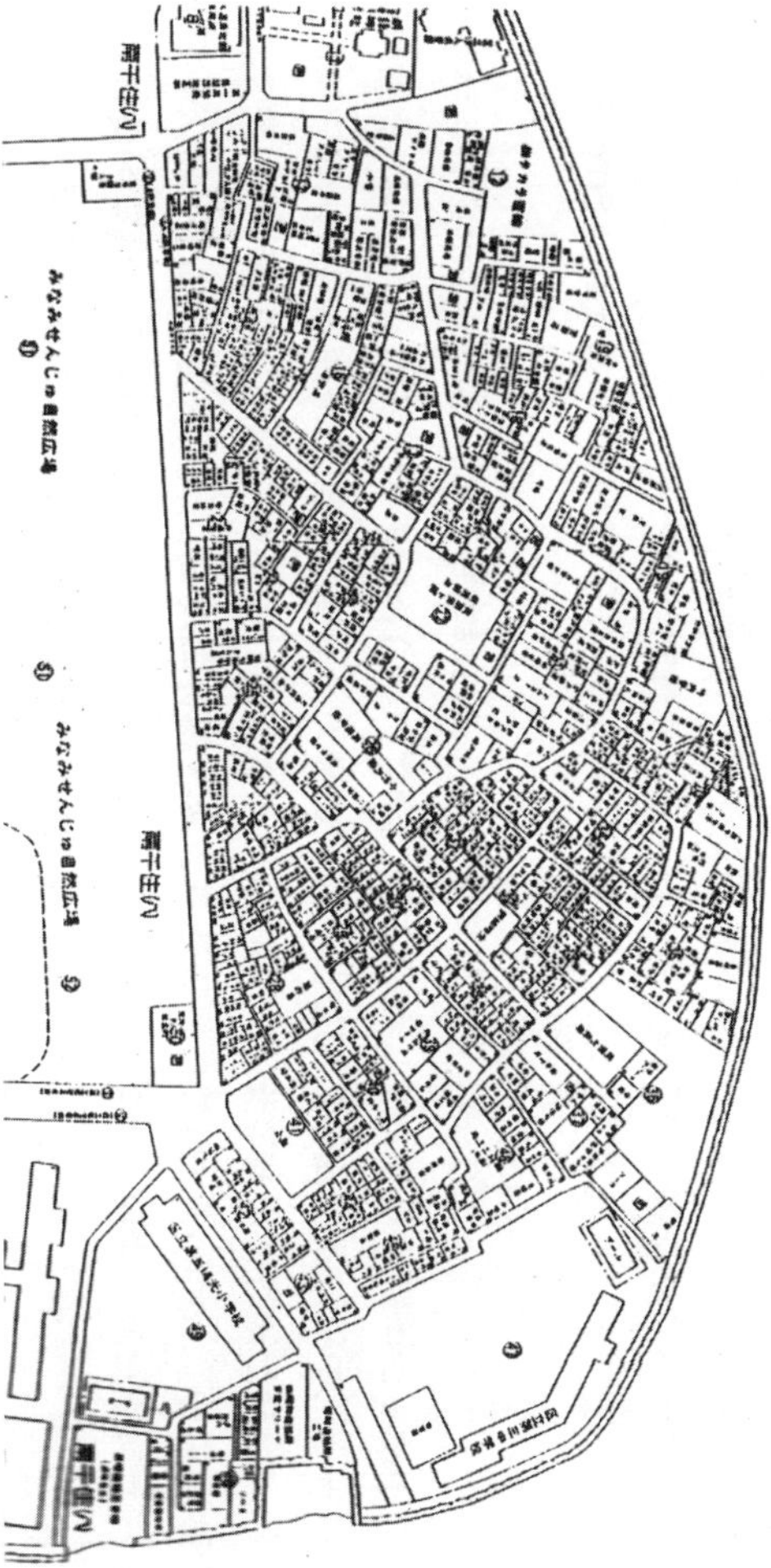

汐入の魅力的な街路（出所：『群居』No.27）

南千住にできた。特に東京紡績には従業員が２６００人以上あり、すべてがあたりに住んだわけではないが、震災後はさらに人口が増えたので、家賃は高かったらしい。だから耕地をわざわざ借りて宅地化し、借家を建てる人もいた。

また汐入は震災の被害は小さかったが、近くの橋には川に浮かぶ死体の死臭が満ちていたという。そして震災後に、第一下町日本橋の魚河岸《うおがし》が汐入に移転してきた。「千住鮮魚販売所」と称して河川敷の１５００坪の土地にバラックを建てて仮営業を始めたのだ。

これが汐入の宅地化を促進し、活気をもたらした。宅地化は魚河岸附近から、つまり汐入の東側から始まり、長屋がどんどんつくられた。汽車長屋という長い長屋もあったそうだ。１９８４年の時点でも汐入では全世帯の87・５％が借家だったという。

●新潟県とのつながり

草分けの地主に限らず、汐入では新潟から来た大工が地主に借家経営を勧めて長屋を建設することが多かったという（伊藤毅「〈まち〉の死に立ち会うとき」、小木新造・内田雄造『江戸東京学への招待３』所収）。草分けも大工も新潟県ということで、なにか関連があるのだろうか。

そういえば私の越後高田の実家を建てた大工さんは若い頃は荒川区で大工修業をしたというから、大工を通じた高田～荒川ネットワークというものがあるのかもしれない。

墨田区の章でも書いたように、東京の下町では新潟県出身者の比率が高い。１９５０年の荒川区全体では荒川区出身が59％に対して他の東京都は０・４％しかない。他府県は41％であり、最も多いのは埼玉県で８７３８人、以下茨城県８０８０人、栃木県７５５９人、新潟県７０７３人であり、新潟県出身者が多いのである。

また秋田、宮城、福島、茨城、栃木といった東北方面出身者では男性より女性がずっと多く、埼玉、神奈川出身者も女性のほうが多いという。これは低賃金の労働者として働く者が多かったためであろう。

私は数年前に荒川区長にお会いしたが、荒川区は東北や新潟の出身者が多いから人気《じんき》が良いとおっしゃっていた。新潟県人はともかく、私も東北に行くと人の良さをひしひしと感じる。

だからかどうかわからないが、震災後に朝鮮人虐殺が起こり、汐入ではガス会社で働く朝鮮人２００人ほどが逃げてきた際、日本紡績工場の近くの隅田館という下宿屋にかくまい、ケガひとつさせなかったというのが地元の自慢だという。

●地主が建てた長屋

汐入の借家は30平方メートル以下の小規模なものが大半であり、10平方メートル台のものもあった。平屋と2階建て、独立型と二軒長屋、四軒長屋、専用住居と店舗併用住居など、いろいろなタイプがあった。それらが混在し、密集し、「下町」的なコミュニティを形成したのである。各戸に庭はないので、住民は玄関先に植木を置いたが、当時の写真を見ると、けっこう背の高い木も植わっている。

このように一斉に起こった宅地化であるが、地主が勝手に開発をしたのではないという。隣接する土地で別の地主が長屋を建設する場合には、長屋の配置を含む調整がされた可能性がある。入居者の階層や収入などをあらかじめ想定し、かなり低い家賃でも住めるような住宅をつくっていったらしい（前掲書）。だからこそ汐入の町には再開発を惜しまれるような街並みができたのであろう。

●日本橋から河岸が移転

話を汐入に戻すと、商店街は町の東西に1つずつあった。1927年（昭和2年）頃から

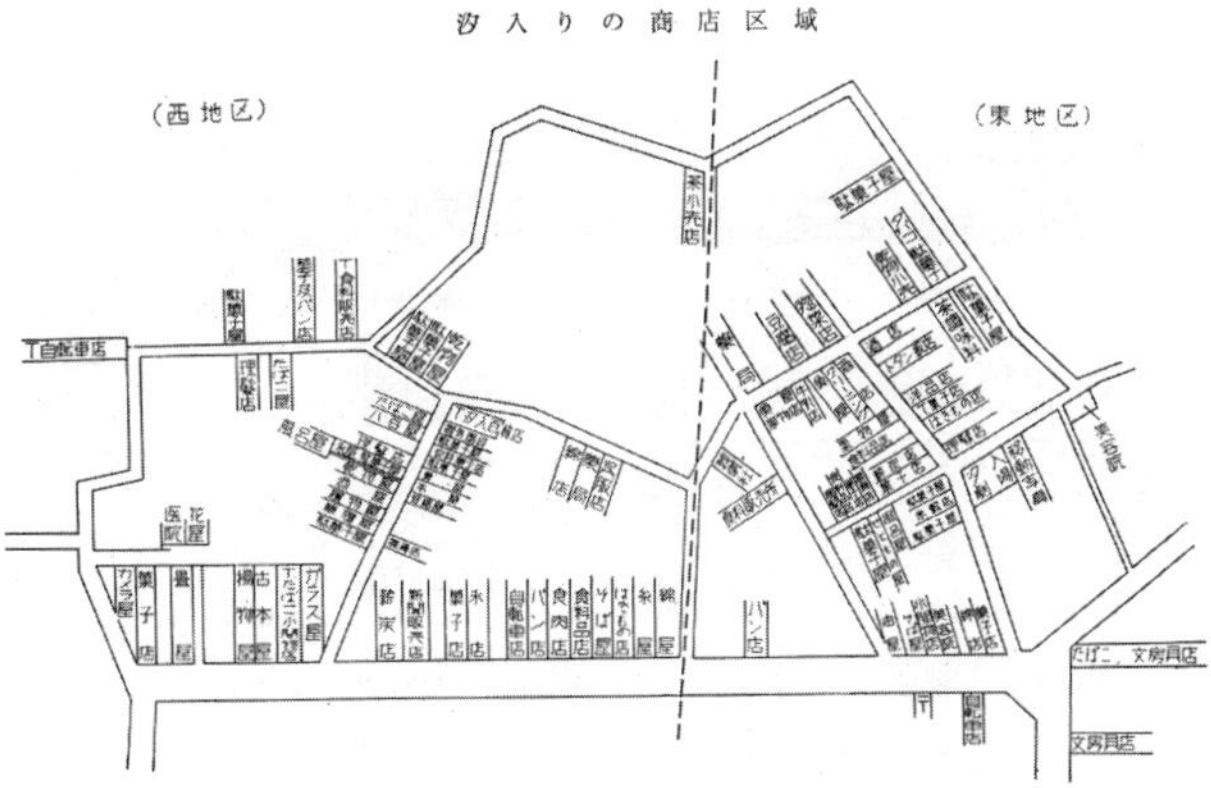

出所：『新修荒川区史　下巻』

店舗が急増し、１９３３～34年には各種商店が揃い商店街の体をなすようになった。32年には東西商店街それぞれに１軒ずつ銭湯ができていたが、いずれも旧来の汐入住民が長屋住まいの新住民のために貸家として建てたものである（経営は他所から来た人が行った）。医院は27年に開業した。

　新住民は最盛期には１万７０００～１万８０００人まで増えた。戦後になると相続制度の変更などにより地主の力が衰え、金策に困った地主が貸している長屋や商店を売りに出したため、大家と店子《たなこ》という関係は薄れていった。それでも、町の運営に関わることでは地主たちが隠然とした力を持っていたという。

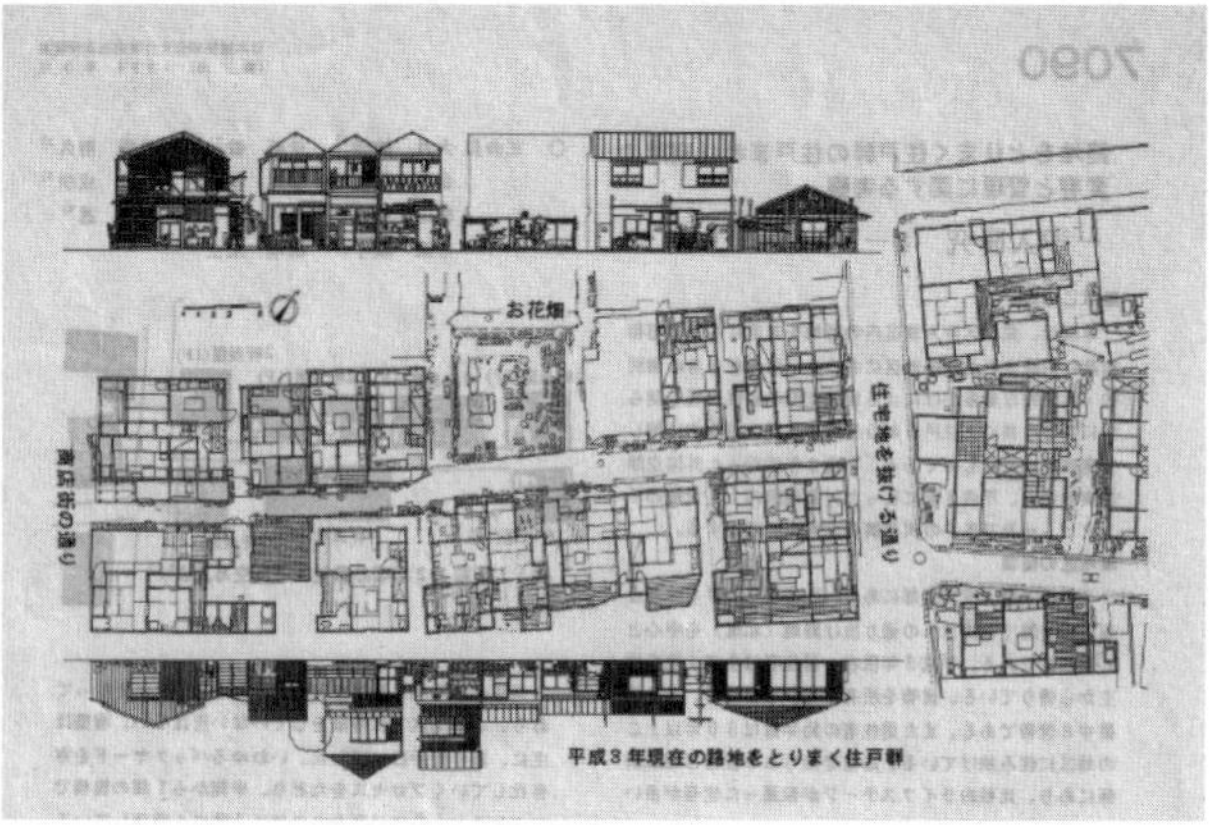

1993年当時の汐入の路地（大月敏雄作成）（出所：『日本建築学会学術講演梗要集』）

●中世の都市のような街路

街路は農村時代の土地割りを反映しているので、左下を中心に同心円を描くように左上から右下に道がある（これは隅田川が氾濫したときの水流に沿っているという説がある）。第一下町や月島のように格子状ではない（月島は1892年につくられたが、現在残っている長屋は関東大震災後に2階建てに建て替えたものなので、時代的には汐入と同じ）。

それらの道と直交するも直線ではなく、互い違いのようになっている。従来の下町とは違っていたのだ。結果として中世ヨーロッパの街のように、是非一度歩いてみたい、歩いたら楽しかろうと思わせるような街路ができあがっていたのである。

下町寄り道写真館
その３　看板・貼り紙

下町はタバコ屋が多かったが、今は減って看板だけ残っている。タバコとふとんでは火事になる。下町では火事は禁物だ。古い家電の看板も懐かしすぎる。

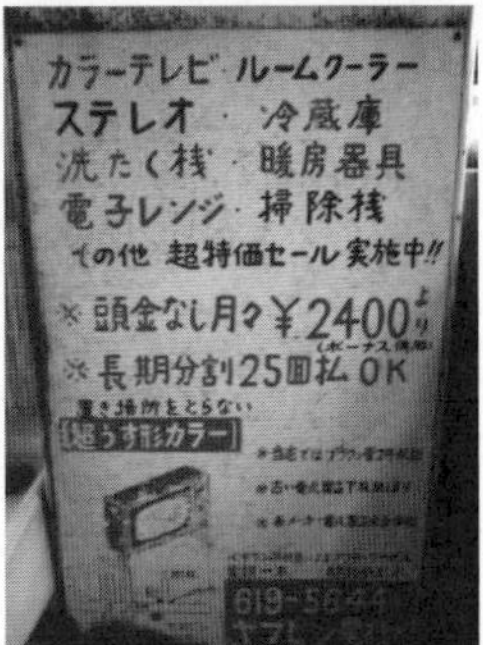

Ⅳ. 第四下町

〜北・足立・江戸川・葛飾区〜

北区

荒川沿いに栄えた工場と赤羽・王子の発展

●岩淵水門により水害を克服、工場地帯に

北区、特に旧・王子区は、いわゆる下町としてはあまり取り上げられない区だが、都市計画によって工場地帯として用途指定されており、荒川区と並んで関東大震災後に急速に発展した地域である。台地の上の住宅地は別だが、荒川沿いの低地には下町的な地域が広がっている。

北区の人口は旧・滝野川町が１９０８年に１万３８５８人、旧・王子町が１万７７９３人だったのが１９１７年には滝野川町は３万３０６１人、王子町は３万３３４８人に増加している。

旧・岩淵町は現在の地名では赤羽、赤羽北、赤羽台、赤羽西、赤羽南、岩淵町、浮間《うきま》、神

谷、桐ヶ丘、志茂《しも》、西が丘に相当するが、１９０８年の６０５６人から17年は８９７２人にしか増えなかった。だが１９２０年には約１万３２００人、29年には約３万２１６０人に増加している。滝野川町、王子町より少し遅れて人口が急増したのである。

　明治時代の東京では水害が多く、荒川の水をなんとかしなくては下町（下谷、浅草、本所、深川）の人々は枕を高くして眠ることができないと言われていた。そこで新たに川を掘って荒川放水路を設け、それによって荒川の水を隅田川経由で江東方面に押し出さぬようにする計画がたてられた。これが赤羽の水門である。この水門のおかげである程度安心して人が住み、工場が立地できるようになった。

●工場労働者のために店が増える

　赤羽などのある岩淵町の人口増加の原因は、大工場の建設である。１９１５年には田んぼをつぶして日本製麻《ま》の赤羽工場ができた。現在の赤羽駅から東に延びるすずらん通りの南側（戦前の駅は今より北にあった）。今は赤羽公園からダイエー、岩淵中学などがある広大な一帯である。

　赤羽小学校の南には職工の社宅が並び、工場を取り巻いて社員のための住宅が増加した。

煙たなびく日産化学王子工場

赤羽小学校の南というと今は飲み屋街である。このへんに職工の住宅があったようなのだ。

それまでも赤羽には今のURヌーヴェル赤羽台団地の場所に軍の被服工廠《こうしょう》（＝工場）があったが、工廠に勤める職工は町にあまり金を落とさなかったらしく、日本製麻のような民間企業の社員や職工のほうがずっと町で金を使ったらしい。

●赤羽に飛行場があった？

加えて１９１６年には日本製麻の東側の隅田川に至るまでの田んぼが埋め立てられて、赤羽飛行機製作所が設立した。飛行機の試作機を飛ばす場所だった。毎日飛行機がぶんぶん飛んだので、ようやく農村から抜け出しつつあったばかりの岩淵町の人々はかなり驚いたという。

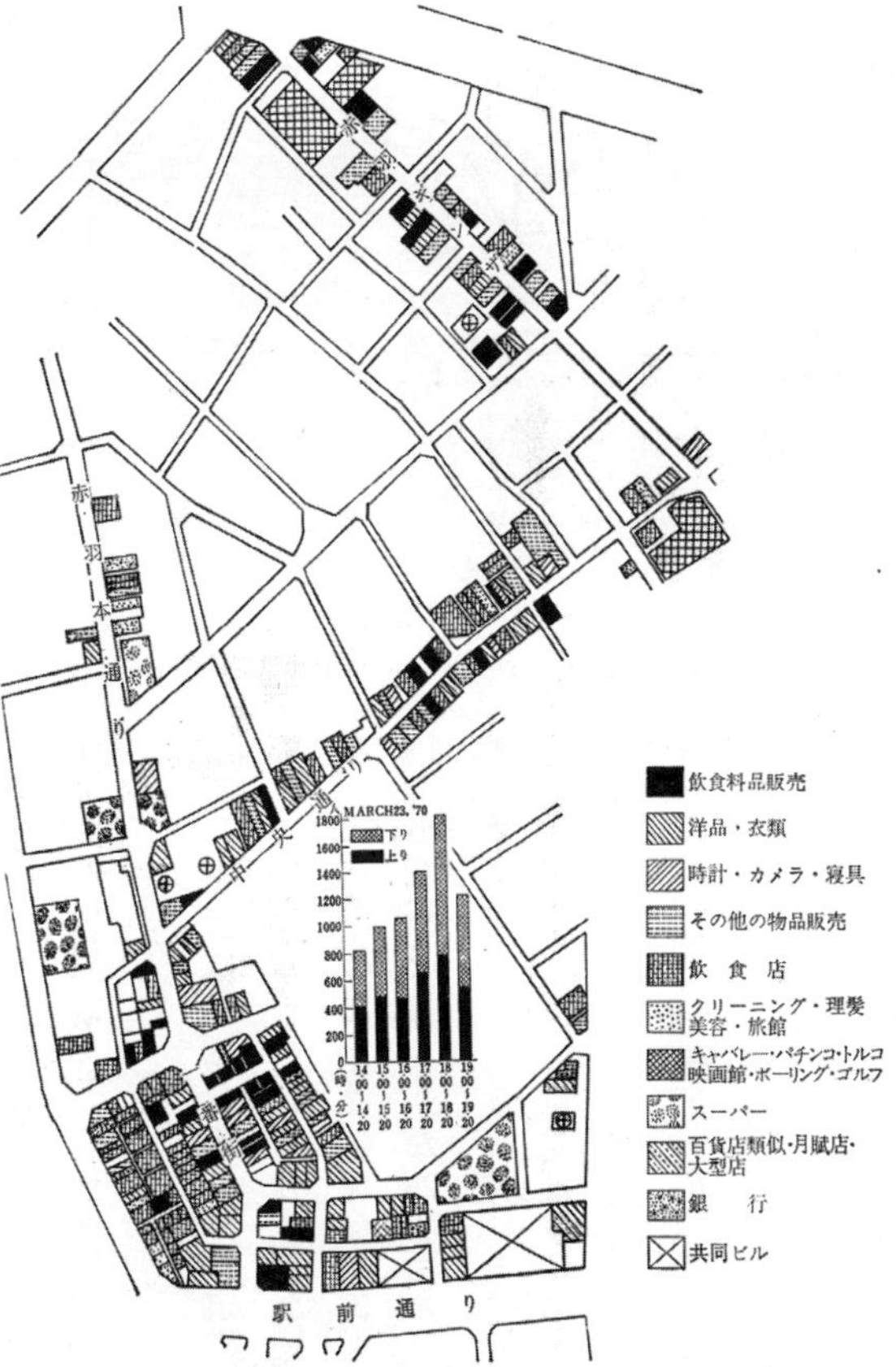

1970年頃の赤羽駅東口の商店街。一番上あたりに王子電車の赤羽駅があった。現在は赤羽岩淵駅となっている（出所：『新修北区史』）

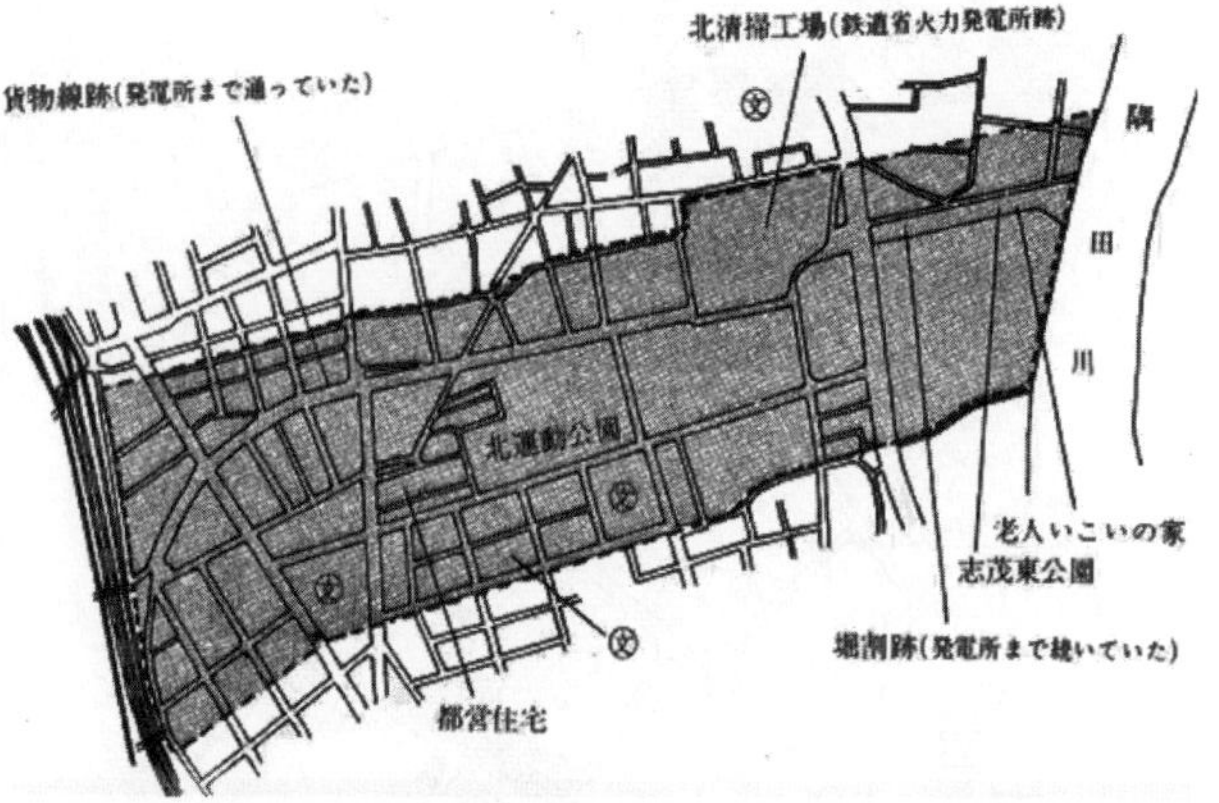

飛行場の範囲（推定）（出所：『新修北区史』）

震災後、１９２７年には王子電車が王子から赤羽まで開通（ＪＲ赤羽駅の北東）。駅から赤羽銀座通り商店街ができ、岩淵地区での第一の盛り場となっていった。

また十条では、それまでは鉄道の東側に人家ができていたのに、震災後急激に西側が住宅街となったためそこに十条銀座商店街が形成され、区内でもっともにぎやかな商店街と言われるまでになった。

王子駅の東口は、都電通りに沿って買回品を中心とする物品販売店が目立ち、王子地区の中心的存在となった。都電通りの東側には、第二次世界大戦後も、飲食店、酒場、バー、キャバレー、ソープランド、パチンコ、劇場などの娯楽施設が集積していた。だが広い都電通りによって人の回遊が断たれているため、商店街、繁華街としての発達が抑えられた。
また戦後、王子百貨店が開業したこともあったが、台地の上の飛鳥山方面から客が吸収しにくく、すぐに閉店したという。

●震災後、赤羽や十条が大商店街に

さらに田端の低地部には、明治通りに沿って田端新町商店街ができた。尾久三業通り入口付近からの田端まで南下する約500メートルにわたり、旋盤、プレスなどの工作機械、銅鉄、アルミなどの資材、各種工具などの販売店が集まった。ただしこの地域に、日常的な物品販売業はひとつも見られなかったという。

滝野川区の田端新町や昭和町の低地部は一面の田圃であったが、大震災の前には大部分が住宅地に変わりつつあった。社宅もいたるところにできていった。

また東京府市場協会の経営の公設市場が1918年11月に設けられ、サラリーマンを対象に低価で物資を供給した。

こうして区内各地に新しくできた住宅地は「新町」と呼ばれ、新たに商店街が形成されていった。それまでのなんでも屋から、米屋、呉服屋、文房具屋といったひとつひとつの営業を主にした店ができていった。

大正になってからは滝野川万才館という映画館ができ、中山《なかせん》道は次第ににぎやかになった。

●同潤会は貧乏人向けだと思われていた

下町ではないが、JR赤羽駅の西側のUR赤羽台団地から見て谷を挟んで南側の高台には、同潤会による住宅地が建設された。地図を見ると、赤羽西4丁目の一番地から一三番地にかけて扇状になっている。ここが同潤会の普通住宅地だ。

同潤会というとアパートが有名だが、その他に賃貸の「共同住宅」「普通住宅」、そして「分譲住宅」も建設していた。高給取り向けのモダンな鉄筋アパートは都心部に比較的多いが、普通住宅は木造でごく普通の勤め人向けであり、赤羽の場合は陸軍、内務省、逓信《ていしん》省、鉄道省の関係者が多く入居した。陸軍関係者が入居したのは近くに陸軍被服本廠、つまり軍服を作る工場があったためで、実はこの本廠跡地に戦後、赤羽台団地が建設されたのである。

普通住宅の様式には平屋と2階建てがあるが多くは2階建て。2階建てに上下別世帯が住むものと、2階建ての一家屋に2世帯か3世帯が住むものがある。それらの場合、玄関は世帯ごとに1階にあるが、それぞれが1階と2階に部屋を持つのである。今風にいえばメゾネットのようなものだ。

赤羽には普通住宅が４３１世帯、分譲住宅が64世帯あった。また、普通住宅地の中には銭湯、公園、テニスコートなどの施設があったという。銭湯は数年前まで「鶴ヶ丘湯」という名前で残っていたが、どうもこの住宅地のある丘が鶴ヶ丘といわれたことに由来しているらしい。住人の多くは職工だったようである。

また十条仲原にも普通住宅地が３８７世帯つくられたが、実現までは順調ではなかった。「最初に手掛けた普通住宅事業こそ『田園都市』構想をもとに誕生した『田園郊外住宅地』開発事業なのであり、その後の分譲住宅事業として継続される郊外住宅地づくりの基礎となった」のだが、普通住宅は「細民」向け、つまり貧困層向けの住宅地として誤解されたからである。当時の王子町町長や地主から「十条方面は現在著しく発展しており、文化的住宅の建設も少なくない。学校建設の計画もある。もし同潤会が多数の細民向け小住宅を建設すると、自然と土地の品が低下し、風紀も退廃することが危惧される。そのため計画については協議を願いたい」という主旨の意見が出たという（内田青蔵『同潤会に学べ』）。下町が近いからこその誤解だったのだろうか。

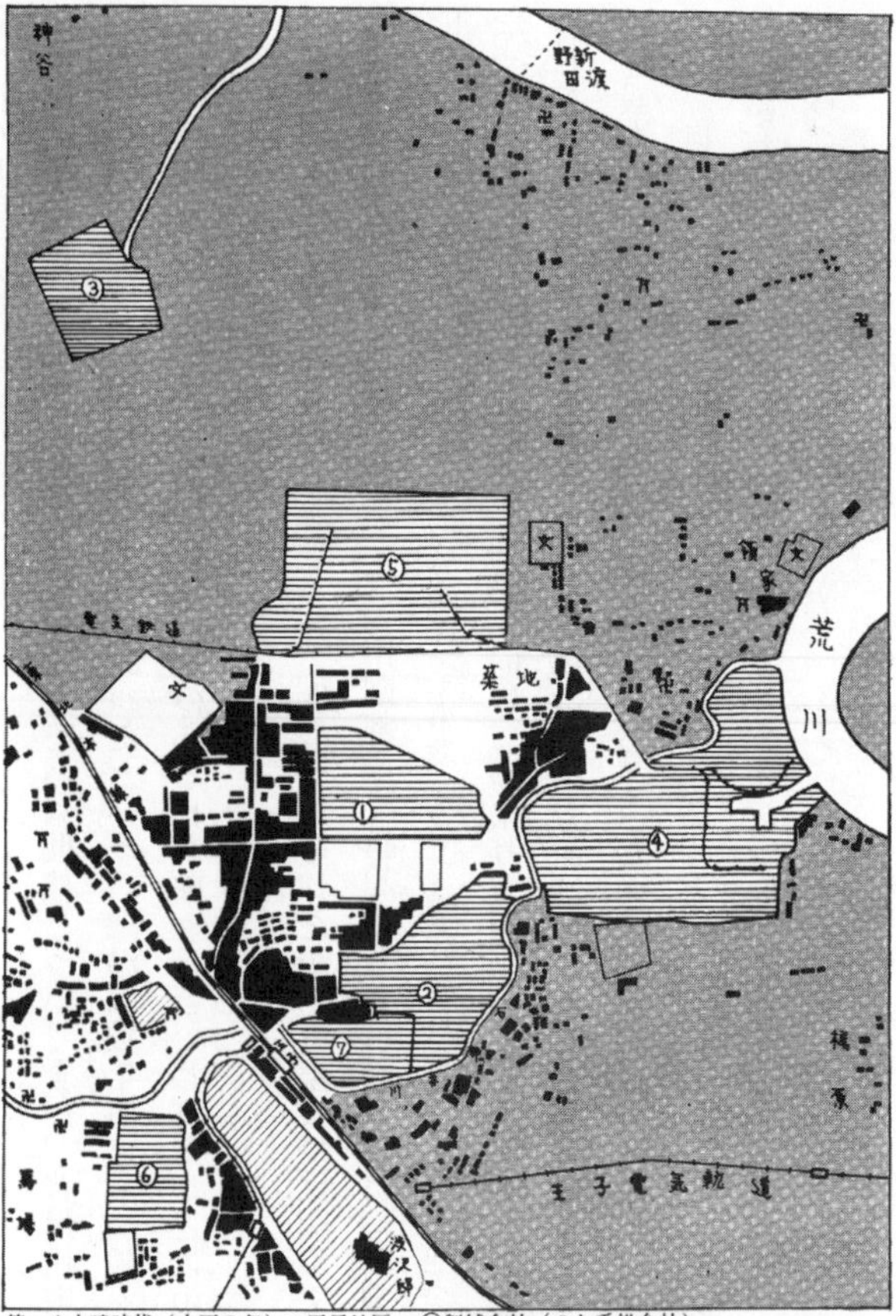

1916年（大正５年）の王子の土地利用（出所：『新修北区史』）

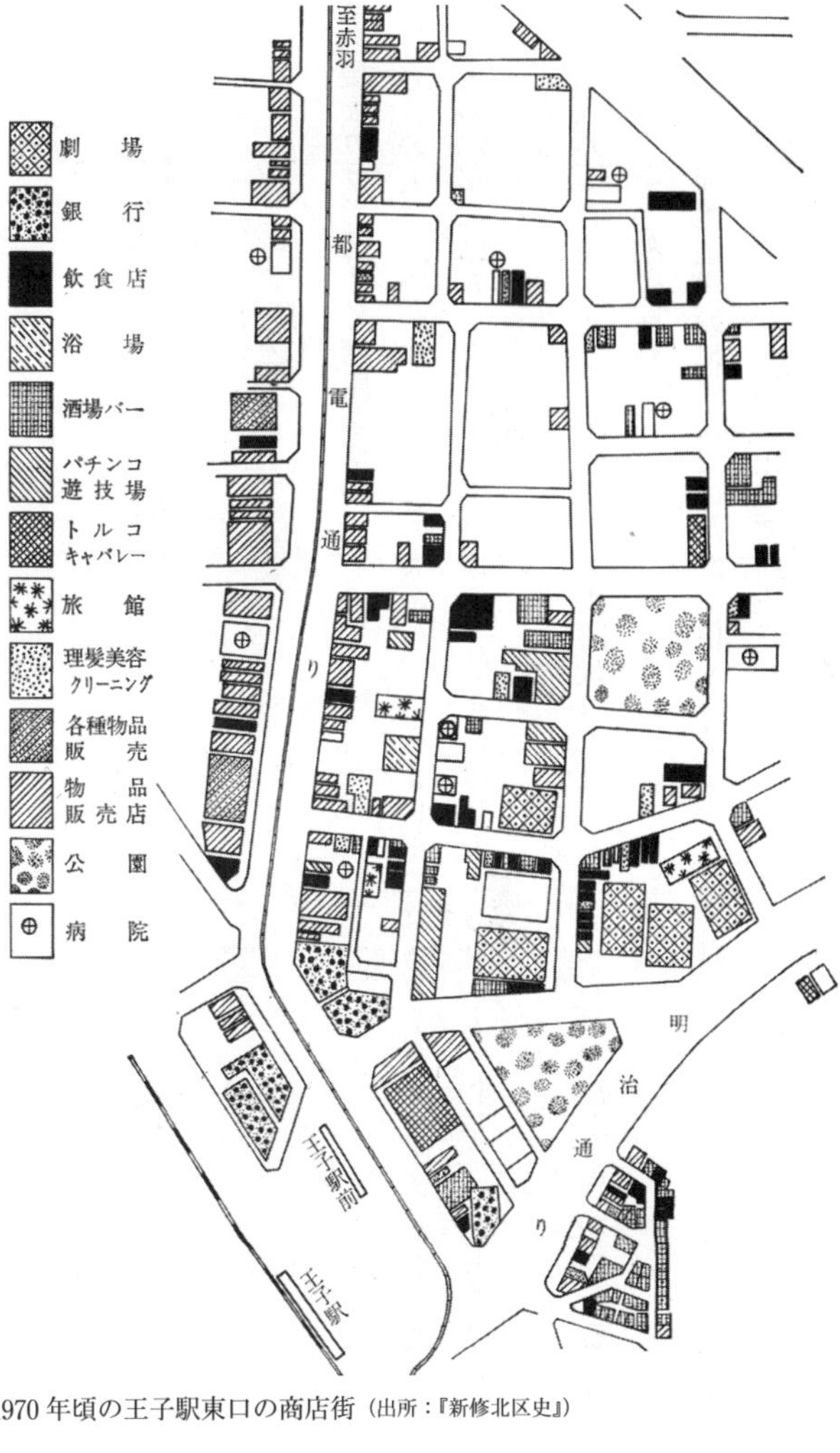

1970年頃の王子駅東口の商店街（出所：『新修北区史』）

足立区

宿場町から工場街型下町に変貌した北千住

●低地をガラで埋めて借家を建設

足立区の人口は明治初期には3万人余り、1920年には6万780人だったが、関東大震災後の25年には8万9226人に増え、30年には12万7507人、40年には23万1246人と、20年でほぼ4倍に増えた。

足立区の中心地である北千住も、大正時代はまだ人家もまばらだったが、昭和になると地主が宅地化を急激に進めた。

地主は日光街道沿いに住んでいたが、借家はそこからはずれた低地で、耕地としても住宅としても使われてこなかった土地に建設された。1920年の「国勢調査」では千住町の人口は3万1000人であった。うち工業関係の人口が47％であり、商業人口の27％を大きく上回っていた（石塚裕道『東京の社会経済史』）。

１９２６年には隅田川べりで千住火力発電所の操業が開始され、そこから出る石炭のガラが区内の湿地を埋めて地盤を上げて住宅地を造成するために使われた。そのため今、開発のために土地を50～60㎝ほど掘るとガラが現れるという。

長屋の土地は古くからの地主のもので、地主は日光街道筋に住んだが、そこから離れた土地を長屋にしていたのである（『千住生活史調査報告書』）。

北千住駅東側の柳原も大正時代の地図では何もないので、震災後、昭和になってから長屋が増えたのであろう。最近はかなり建て替わってきたが、10年ほど前までは古い長屋がたくさん残っており、玄関の横に物干し場があるような風景が広がっていた。

１９３５年には同潤会による千住緑町住宅が分譲されるなど、１９３０年代には北千住全体が住宅で覆われるほどになった。緑町住宅とは、京成電鉄が所有していた土地の一部を１９３４年に分譲し、翌年残りの土地を財団法人同潤会に売却したものである。緑町の土地は上野～日暮里間の京成線が地下に敷設された際の、トンネル工事で排出された残土で埋め立てたものである。同潤会はそこに職工向け分譲住宅地をつくったのだった。

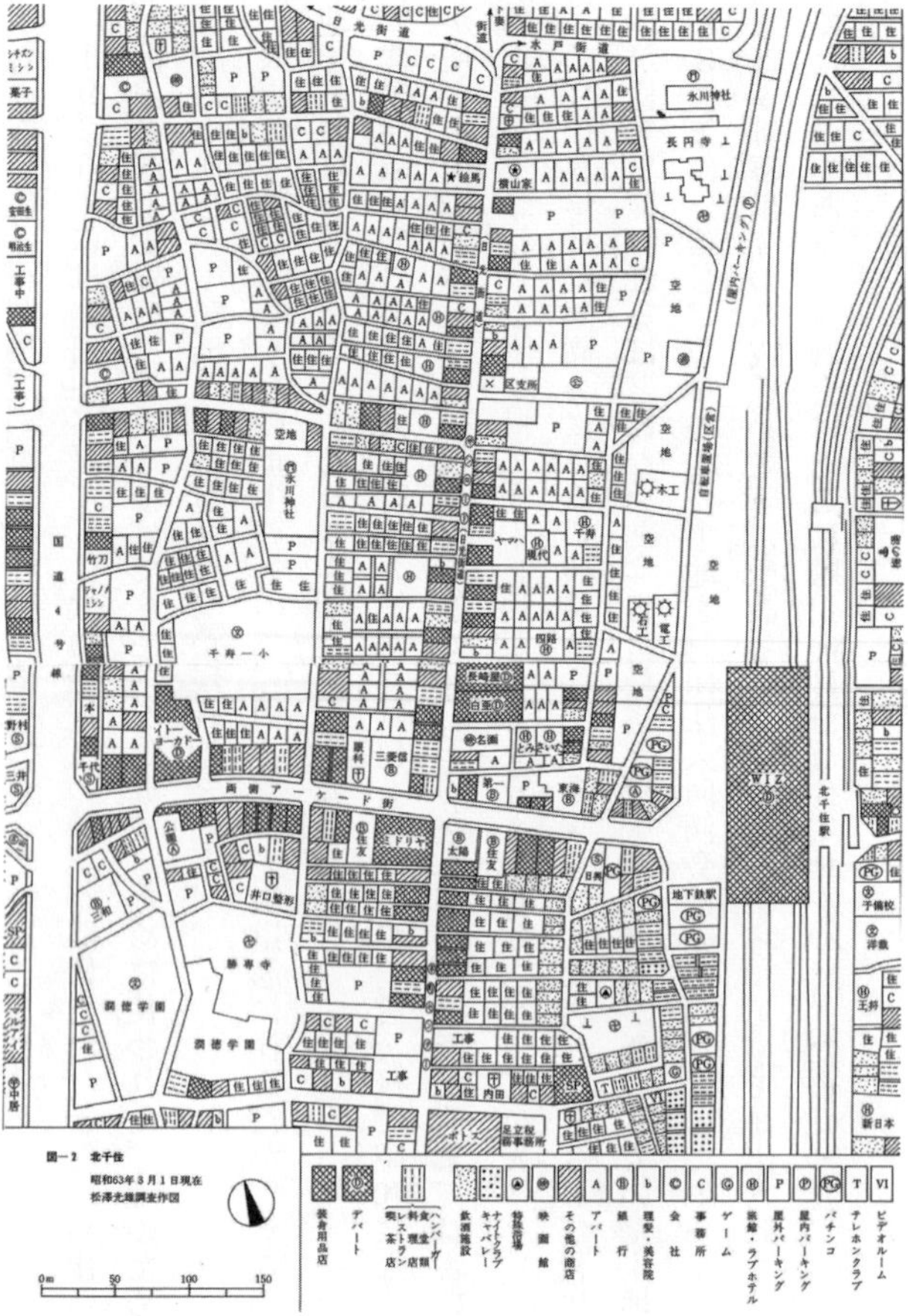

1988年頃の北千住駅西口。現在丸井などがあるところに住宅と商店が密集している。真ん中の道が旧・日光街道

出所：松澤光雄「繁華街の構造分析と特徴研究　北千住」（『月刊レジャー産業資料』247号）

昭和初期築と思われる古い家

●文化都市・千住のサロン

北千住はもともと日光街道の、日本橋を出て最初の宿場町・千住宿である。現在の千住１丁目から5丁目が成立当初の宿場だ。

千住宿の南が掃部《かもん》宿、千住河原町、千住橋戸町で、この３つが後から千住宿に加えられた。さらに千住大橋を渡って南千住側の小塚原町、中村町が「南宿」として加わった。

千住宿は北組、中組、南組に分かれ、旅籠も72軒を数えていた。街道沿いには旅籠、酒場が建ち並び、繁盛した。１８４３年の時点ですでに1万人近くの人がいて、小田原、水戸、宇都宮、松本、米沢といった城下町、同じ宿場町の八王子よりずっと人口が多かった。そして明治になり、１８７４年に荒川が町村の境界とされたため、南組は荒川区南千住となった。

寛政年間（１７８９〜１８０１年）には絵師・俳諧師である建部《たけべ》巣兆《そうちょう》が掃部宿の藤沢家に養子に来て「秋香庵《しゅうこうあん》」を構え、活動を始めた。秋香庵には地元の青物問屋や川魚問屋の旦那衆が集まって、俳諧のグループ「千住連」をつくり、句会を開いたという。

また巣兆は酒井抱一《ほういつ》、大田南畝《なんぽ》ら江戸の文人と交流があり、彼らを千住に呼ぶなど旦那衆と交流させて、千住の文化活動を活発化させた。

巣兆の死後も、俳諧、絵画をたしなみ巣兆と親しくした青物問屋の鯉隠《りいん》が世話役となって、誰が一番酒を多く飲めるかを争う「酒合戦」の会を開き、吉原、浅草からも人が集まり、抱一、南畝に加え、谷文晁、狩野章信らが千住に招待された。いわば江戸のサロン文化のようなものを北千住で展開したのである。

商人たちの豊かさは、千住河原町の大祭でも目にすることができた。彼らは所有する屏風や盆栽、生け花などを問屋の座敷に並べ、通行人が見られるようにして、松に花を添えたのだった。このように北千住は、豊かな商人層に支えられた文化都市でもあった。

●やっちゃ場でトンカツとパンを食う

千住橋戸町にはやっちゃ場と呼ばれる青物市場があり、昭和初期は非常に繁栄していた。市場には荷主（近隣農家）が夜、牛に引かせた大八車に野菜をのせて問屋に持ってきた。宿泊は問屋でして、翌朝競りを見て帰った。ついでに買い物をするための日用品店、食事をする飯屋、一休みする茶屋があった。茶屋には大八車を預けることができた。

飯屋はピンキリだったが、高級なところは料亭のように中庭があった。メニューは天丼、玉子丼が一般的で、カツライスというと上等なほうだった。ビールも高価だったので、金回りの良い者しか飲めなかった。安い飯屋では牛丼と味噌汁だったそうで（牛肉の切れ端だろ

やっちゃ場（出所：足立区郷土博物館）

うが）、なんだか今と変わらない。

ちなみに当時の日本では、トンカツにはパンが付いてきたらしいが、パンではどうも腹がふくれないということで、いつしかご飯が付くようになったという。

●デパート古久屋の繁栄

そんな商店のなかに、古久屋《こくや》という大きな店があった。「こく」とは「穀」であり、最初は穀物問屋だったことに由来する。それが呉服屋に変わってから古久屋となり、カメラでもなんでもデパートみたいに売るようになった。自動車のまだない時代にフォードのワゴン車を売るほどだった。

何年か前、高級カメラのライカを首からぶら下げて北千住を歩いていると、アパートの前で、おじいさんが「いいカメラだね。散歩かい」と声をかけてきたことがあった。下町だからとあなどってはいけない。ここは北千住。古くからの金持ちもたくさんいる。ライカを持っている人も知っている人も実は多いのだ、とその時思った。

古久屋の建物は洋風だったようで、「古久屋さんの洋館」と言われ、当時を知っている人は「あれはすごかった」と異口同音《いくどうおん》に語る。今から見ればそれほどのものでもないかもしれないが、北千住駅前通にある大橋眼科を大きくしたような建物だったのかもしれない。

当時の北千住駅前は今から想像できないくらい暗かった。いや、私が30年ほど前に行ったときだって、駅東口を出てすぐ南に下る飲み屋街が、古い店ばかりで暗かった。当時は若者が行くような店もなく、どこも常連でないと入れないような、怖い雰囲気だった。だから大正、昭和の時代なんて、もっとずっと暗かったに違いなく、急に鼻をつままれてもわからないほどだったというのだ。

ところが古久屋の前にいくと照明が煌々《こうこう》と輝いていた。だから、近くの家の人が椅子を持ち出して古久屋の前に置いて読書をしたという。コンサイスの辞書のような小さい文字でも読めたそうだ。

図表4－1　足立区銭湯地図（1977年）

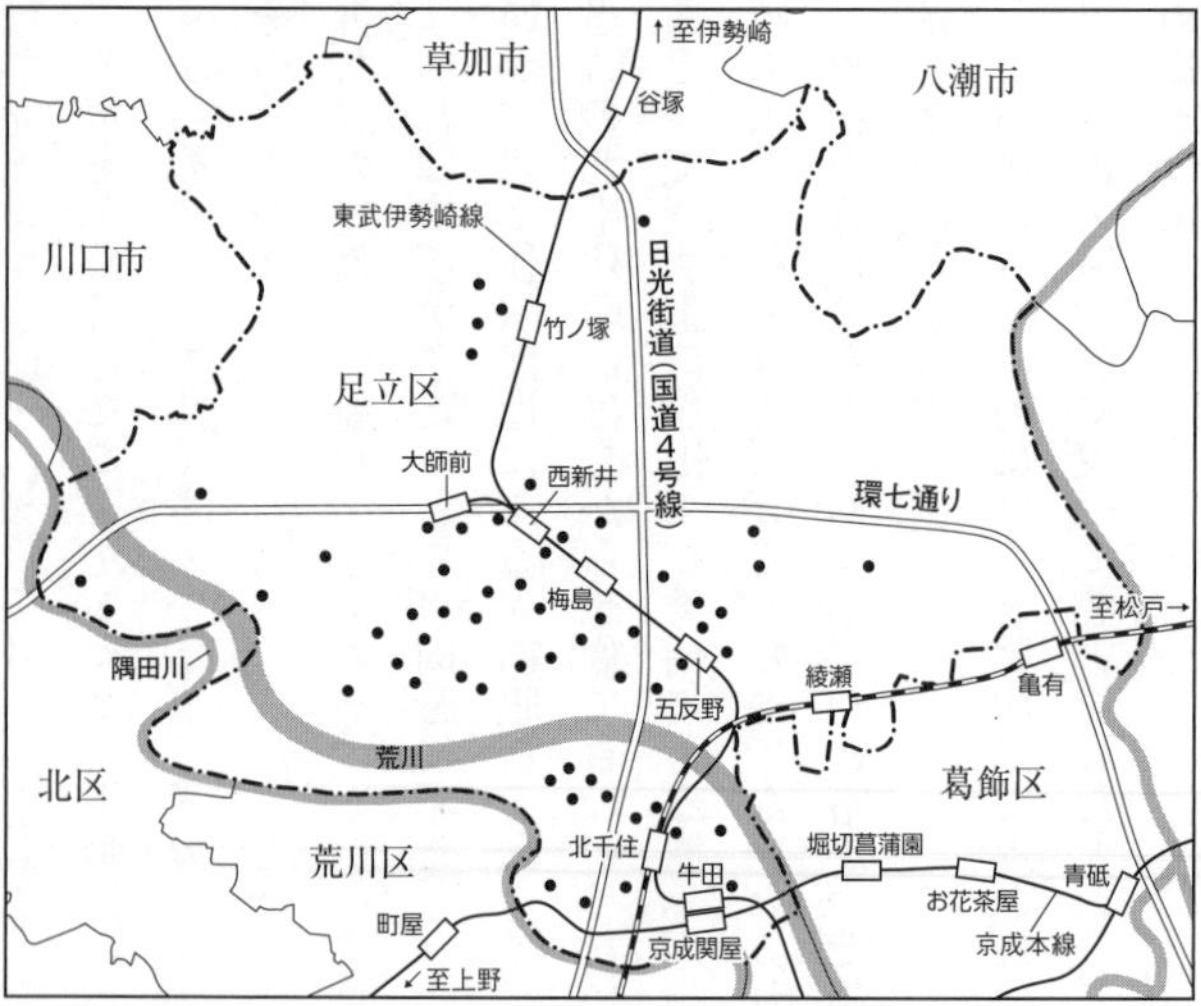

出所：三浦展作成

そう言えば、足立区出身のビートたけしは、お兄さんが東大に行くほどの勉強家だったが、家が狭いので、外に出て電信柱の街灯で本を読んだという。もしかしたら古久屋にも来たかもしれない。

●北千住の郊外が下町化

また1924年に東武鉄道は西新井に変電所を設置し、駅がなかった西新井～千住間に梅島・五反野《ごたんの》・小菅《こすげ》の3駅を開設。浅草～西新井間で電車運転を開始した。沿線間には田辺製薬などの各種工場も増え、人口も増加していった。ビートたけしが育ったのは梅島である。

そのためたしかに、梅島・五反野・小菅の３駅には下町らしさがある。墨田区や荒川区ほど密集した感じはなく、その点は郊外的なのだが、庶民的であることは間違いない。沿線に銭湯がたくさんあることからも、それがわかる。西新井を越えて住宅が残るのは敗戦後のことであり、それらの新しい家は風呂付きが普通だったのだろう。

●マンション建設が進み、人口も増加

最近、北千住は住みたい街としても人気が高い。ＪＲ、東武、東京メトロ半蔵門線、日比谷線、つくばエクスプレスが乗り入れる交通の要所であり、どこへ行くにも便利だ。東京電機大学が移転してきて若者も増え、それに合わせて洒落た飲食店も増えた。

足立区全体では人口は伸び悩んでいるが、北千住駅周辺だけは違う。もちろん昭和の店はいくらでもあり、安い居酒屋、立ち飲み屋も多い。焼き肉、ホルモンの店も多いから、がっつりパワーを付けたい人にも最適。北千住以北に住むサラリーマンも大勢、途中下車して楽しんでいる。最近は女性客も多い。

マンション建設も盛んであり、若い世代が入居している。イトーヨーカドー発祥の地もタ

大橋眼科

ワーマンションに変わり、イトーヨーカドー食品館が入っている。

●「金八先生」の舞台

　こうして日光街道界隈は急速に現代的に変わっているので、下町的な北千住を味わいたければ、駅の東口の柳原方面へ行ったほうがよい。ここも10年前よりは新しい家が増えたが、木造密集地帯であり、玄関先に物干し場のある昔ながらの家並みがもしかしたら見つかるだろう。

　北千住は南足立郡だが、柳原は本来は南葛飾郡であり、墨田区、葛飾区、江戸川区の仲間である。ところが荒川の洪水を防ぐために荒川放水路が整備され、１９３２年に東京市が35区に拡大すると、柳原は墨田区でも葛飾区でもなく足立区に編入されたのである。

柳原の街路は入り組んでおり、商店街の千種通りは弧を描くように曲がっているが、これはかつての水路が暗渠《あんきょ》になったものらしい。荒川放水路ができる前は田畑であり、そこに水路がめぐっていたのである。

尾崎豊が死ぬ前に住んでいたのが柳原のあたりで、『3年B組金八先生』の舞台もここだ。東武線の牛田駅のあたりがドラマに何度も登場したらしく、金八先生のポスターが貼ってある中華料理店がある。

北千住の銭湯は、全盛期には36軒もあったそうで、今も10軒ほど残っており、どこもお湯の質が違ったり、内装、外観も異なったりするから、毎日違う銭湯に行くという楽しみもある。

大きな川に囲まれているので、風呂上がりに川から吹いてくる風が気持ちよい。そしてビールを飲みに居酒屋へ、というわけだ。

（上）柳原の商店街
（下）金八先生のポスターが貼ってある中華そば屋（横溝惇撮影）

江戸川区

農村から下町的郊外住宅地として発展

江戸川区が下町かというと、少し疑問を抱くかもしれない。たしかに小岩、新小岩、平井といった駅の商店街は下町っぽい。だが、それ以外はむしろ戦後にできた葛西などの大規模団地のイメージが濃く、商工住が混在した下町らしさが強いわけではないからだ。

●農村地帯が昭和に発展

現在の江戸川区に相当する南葛飾郡の人口は明治初頭には３万人程度であり、戸数５０００戸弱の農村地帯であった。

これが増加し始めるのは明治末期から大正にかけて。１９２１年（大正10年）には４万２７６１人に増加し、さらに23年の関東大震災後に急増。30年には倍増以上の９万６９７１人となり、32年に江戸川区となり、33年には総武線が電化されて増加が加速し、42年にはまた

現在の同潤会住宅地

ほぼ倍増して19万２２７４人となった。

戦争による被害、疎開などでいったん減少したが、早くも49年には20万人を突破し、高度経済成長の波に乗って75年には47万２４０１人という巨大な区になったのである。

●住宅建設の時代

小松川町では、１９１７年の城東電車（錦糸町駅前の江東デパートから小松川まで）の開通を機に、この地を住宅地として発展させるため、小松川町営住宅をつくることになった。20年、組合を結成し、東京府社会事業協会から低利資金を融資され、住宅建設が開始された。

町営住宅は総戸数66戸、総建坪数８２４坪だから、一戸当たり平均13坪（40㎡）ほどであった。66戸中63戸は木造平屋一戸建てであり、２階建てが３戸だった。

また24年から、同潤会が松江村字腰巻に住宅４３６戸、総建坪数３８８０坪の住宅地を建設した。同潤会通りの名が今も残っている。

戦前に開発された住宅地。「江戸川耕地整理組合地区」と書いてある
(出所：『日本地理大系大東京篇』)

小岩は１９１２年（大正元年）に京成電車の押上〜江戸川間が開通すると急速に発展。大正から昭和にかけて耕地整理事業が行われ、中流以下の住宅１５００戸を建設するために東京府社会事業協会から融資を受けるなど、住宅地がつくられ、小岩村の人口は15年から31年までに３・３倍に増えた。

しかし、１９４４年11月からの空襲により、１万戸以上の住戸が焼失、全壊。戸数が回復したのは50年以降のことであった。

●大商店街の形成

下町の特性とも言える工業だが、江戸川区内に近代的な最初の工場ができたのは１８７０年、中平井村にできた松岡醤油製造所であった。大正時代に入ると工場が増え、１９３０年（昭和５年）には区内に１０７

最近の平井駅前

の工場ができ、うち66が小松川町にあった。だが墨田区、本所区と比べると基本的には農村地帯であり、大工場地帯にはならなかったのである。

まだまだ農村地帯であったがゆえに、江戸川区は関東大震災の被害は少なかった。むしろ被災した東京市内から転入してくる人が増え、商店も増えていった。

34年から37年の間に商店数は２０７６軒から４０１９軒へと倍増している。その多くが食料関係であり、菓子・パン屋が６９９軒、酒屋が２４０軒、米屋が１９９軒であった。

商店街の中でも、総武線平井駅の春日町商店街が非常に発展した。これは駅の南の小松川方面から北に延びてきた小松川春日町通り

平井の戦前の花街の様子。なかなか風情がある（出所：『江戸川区史第三巻』）

商店街と、先述した総武線の電化によって増えた駅周辺の商店街が南に延びていったのが結合してできた大商店街で、１９３５年頃には区内最大のものであった。こうして、平井駅の乗降客数は１９２３年１月には約４万人だったのが、26年１月には約７万人に増加していた。

●花街に都心の旦那衆がやってきた

平井駅南には１９２７年に三業地（花街）が設立され、花街としても栄えた。昔から平井には粋な人が多かったと言われており、「文明開化の夜が明けりゃ　平井田んぼの蛙の子、三味の音色に踊りだす。天下晴れての太平町、平井田んぼに灯がついた」と歌われていた。
１９３０年代後半が全盛期らしく、芸妓２５０人、芸妓置屋45軒、待合30軒以上があった。日本橋や神田の旦那衆が、浜町や柳橋は人目につくというので、人力車に乗ってわざわざ平井まで遊びに来たという。

●寄席、映画、パチンコ、ボウリング

江戸川区の娯楽というと、大正時代は寄席と映画である。１９２２年頃、すでに小松川町に寄席や映画館が存在し、町民に大変人気があったらしい。寄席では20年、平井６丁目に定員１４５人の寿亭が、25年には小松川３丁目に定員１５０人の田中亭がそれぞれ開亭した。

このほか小松川２丁目に定員２６０人の演芸倶楽部や丸参亭も設立され浪花節、講談、漫才、落語などが盛んに行われたという。

映画は１９２２年に設立された小松川電気館が小松川３丁目に開館。約３３０平方メートルの朱塗りの建物で、およそ４００人のお客を収容することができた。上映作品は日本物が主だったが時には外国物も上映された。戦後になると新たに映画館が設立され、合計７館となった。

だが１９５８年頃からテレビが普及しはじめると映画観客数は減少し、江戸川区においても映画館はしだいに転廃業してしまった。

また下町のレジャーというとパチンコ屋である。小岩・平井地区を中心に戦後はパチンコ屋が一気に増えた。レジャー産業のうちで最も区内の税額の多いものが１９６５年ではパチンコ屋で、全体の76・３%も占めていた。

また麻雀店も戦後急増し、66年度に35軒だったのが74年度には１１２軒となった。

67年頃になると区内にボウリング場が出現し、68年度の税額ではパチンコ屋に次いで第２位に上がった。そしてボウリングの最盛期である72年度にはボウリング場は税額全体の８割近くを占めるまでになった。

だがボウリングも74年以降は人気が下火となり、今はほとんどが転廃業あるいはマンションやビルになったものと思われる。

こうして見ると、下町の娯楽というのは大衆的であると同時に、意外に流行的である。比較的所得の低い労働者が多いため、安価で手軽な娯楽を求めるからだろう。すると今は下町の住民もスマホでゲームが主流だろうか。なんだかちょっと寂しい感じもする。

葛飾区

寅さんが現在の下町イメージを規定した

●水田を埋めて住宅開発

東京の下町は江戸時代の日本橋、神田から、明治以降、浅草、芝、深川、本所、荒川と、その範囲を広げてきたわけだが、震災後に人口が急増し、昭和に入ると、足立、江戸川といった地域も郡部から区となり、ますます人口が増加していった。葛飾区もその中のひとつである。

葛飾区の人口は1871年（明治4年）には1万6570人、1915年（大正4年）になっても2万2836人程度であった。これが23年の関東大震災後に増えていき、25年には4万9415人と倍増。30年には8万4456人とさらに2倍近く増加した。

地域別では本田町の増加が大きく、1920年の5875人から30年には2万7390人

戦後の都営住宅（出所：『葛飾区史　下巻』）

と５倍近く増加。南綾瀬も４・４倍、金町も３・１倍に増えた。こうして震災後に住宅地化が進んだ葛飾区であるが、人口増加数から見ればば戦後のほうが多い。特に１９６０年代前半にはほぼ毎年５０００戸の住宅建設があり、公営賃貸住宅も増加した。

　当初は木造が多く、どこかの土地を見つけたら早速建てるという状況だったようで、今でも葛飾区内を歩くと、あちこちに小規模な都営住宅が見つかる。昔の写真を見ると湿地帯に浮かぶように並んでいる都営住宅もあるほどである。

●セルロイド工場などが増えた

　また葛飾では、１８７２年に銀座煉瓦街のための煉瓦製造所が小菅村に建設されていたが、本格的に工場が増えるのは大正以後。１９１４年に従業員２５０人の千種セルロイド工業が四つ木で創業して以来、小規模なセルロイド工場が多く、33年（昭和８年）には東京全体で２５８カ所のうち59カ所のセルロイド工場が葛飾区にあった。

また、舟運を利用できる中川、綾瀬川沿いには、三菱製紙、日本紙業、江戸川化学、日本建鐵、浜野繊維、宮本染色、新理研工業、那須アルミ、東洋インキ、ミヨシ油脂などの工場などができた。

１９３０年当時、区内には従業員５人以上の工場だけで１２６カ所あり、従業員は３９０１人だったが、その後軍需の拡大により、43年には工場数２３５０、従業員５万８０００人に増加した。このように、葛飾区は大量の工場労働者が働くという意味で、極めて昭和的な下町に発展したのである。

ちなみに小学生の豊田正子が書いた『綴方《つづりかた》教室』は１９３７年に『赤い鳥』に掲載されて鈴木三重吉《みえきち》の高い評価を得たが、豊田は22年本所小梅生まれで、墨田区向島、葛飾区四つ木、立石に引っ越し、小学校時代はセルロイド人形工場で彩色作業を行うなどの暮らしをしていた。ブリキ職人の父親が立石から浦和まで、自転車で片道２時間かけて屋根や雨樋の修理・掃除の仕事に行く場面もある。

常磐線の金町は水戸街道沿いであるが、宿場は中川沿いの新宿《にいじゅく》であり、金町駅周辺は宿場町ではない。そのためか小岩などより都市化・住宅地化が遅れたが、第二次世界大戦中から急に住宅が増え、駅前商店街が発達した。

このように葛飾区の人口増加の主たる理由は、住宅地ができたというよりは水運に恵まれた立地を活かして工場が増加し、工員などの労働者が増えた影響が大きい。

●バービー、リカちゃん、吉永小百合

千種セルロイドはその後衰退するが、同社から派生したセルロイド工場は多く、中でもダッコちゃん、リカちゃん人形などで知られるおもちゃのタカラが有名である（タカラ本社は立石《たていし》駅から近い宝町にある）。バービー人形やディズニーの人形も葛飾区四つ木の国際貿易でつくられた。

このように葛飾区と玩具の関係は深く、吉永小百合の初主演映画にして、名コンビ浜田光夫との初共演作『ガラスの中の少女』（１９６０年）では、浜田光夫が四つ木の玩具工場に勤めている（吉永小百合がほっんとうに可愛くて胸キュン）。『いつでも夢を』は足立区の西新井橋近くの診療所が吉永の家という設定だ。大ヒットしたテーマ曲の歌碑は、作詞した佐

吉永小百合は多くの下町映画に出演した（写真は『大出世物語』）

伯孝夫の墓の裏側として葛飾区堀切の九品寺《くほんじ》にある。また『大出世物語』は江東区亀戸あたりが舞台であるなど、吉永が下町イメージの一端をつくり上げたと言えなくもない。

また、先述した『綴方教室』も38年に高峰秀子が正子役で映画化された。

工場が多いと聞くと、公害問題で大変なようにも思えるが、昔はよいイメージもあった。１９３４年に開校した渋江小学校の校歌（同17年制定）では「栄え　にぎおう　葛飾の　工業の地に　そびえたつ　わが学び舎の　おおしさよ」と、大道中学校（同22年開校）の校歌では「社会を創る　あの煙　機械の響き　燃える原　きびしい時代に　なお耐えて　力あわせて　働こう」と歌われたのである。

また漫画家のつげ義春は葛飾区生まれで、本田小学校卒。闇市での玩具売りで働いた経験を持つ。彼のマンガにはたしかに立石のホルモン屋にいるおじさんみたいな人たちがたくさん出てくる。

●堀切の同潤会には金融系ビジネスマンが多く住んだ

１９３２年に１３１だった区内の工場数は36年には２０７に増え、従業員数も４３２１人から７１７８人に増加していた。37年、日華事変の勃発により軍需が増えるといっそう工場地帯化が進み、43年には工場数が２３５０、従業員数は推定で5万８０００人と激増した。

地域別に見ると１９２０年から35年にかけて、たとえば本田町は水田だったので20年は人口ゼロだったが35年は３７２２人に増加。50年は７３９３人である。立石町は７２７人から７０１６人と10倍近く増加。渋江町は１３３４人だったが35年は９０９９人である（『葛飾区史』）。

また、堀切菖蒲園のある堀切町は20年には５５７人だったが、35年には４５６７人、50年には1万１７４９人に増えるなど、京成線沿線を中心に人口が増加し、水田、水郷だった地域が大変貌を遂げたのである。

堀切にある同潤会の分譲住宅

堀切菖蒲園駅から徒歩15分ほどの上千葉地区には、同潤会の勤め人向け分譲住宅地が１９３３年に誕生している。戸数は21戸と少ないが、ホワイトカラー向けの一戸建住宅地が葛飾区にもできたというのは特筆に値する。

同潤会は、下町には原則として鉄筋アパートと普通住宅（一戸の住棟を2〜3世帯で分ける二階建ての長屋、今でいうメゾネット形式）をつくり、分譲住宅としては職工向けのものしかつくっていない。だから堀切の分譲住宅は、ホワイトカラー向けの戸建分譲としては最も東に位置する。

この堀切の住宅地には今もわずかに、当時の住宅が残っている。そのうちの1軒を取材したことがあるが、この住宅地は多くが日銀、大手民間銀行などの金融機関に勤務する人の家族が住んだという。

私が取材した家では、大田区の上池台の同潤会にしようかどうか迷ったが、勤め先が日本橋だったので、上池台より堀切のほうが近いし、主人の出身が東北方面だったので、上野駅から近い堀切を選んだという。当時は親戚が訪ねてきたり、泊まったりすることも多かったからである。数年前に大規模なリノベーションと耐震補強をして、今も子孫が住んでおられる。同潤会の分譲住宅というものに強い愛着があるのであろう。

１９５０年時点での葛飾区の出生地別人口を見ると、千葉県が最も多く１万１７５６人、以下、茨城県９１４４人、埼玉県８１１２人、新潟県６８１２人、栃木県６００４人、福島県５０２７人などとなっており、やはり東北方面が多い。西日本は山口、広島、岡山、四国を合計しても２２００人ほどである。増大する工場で働く労働者が東北方面から集まってきたのであろうが、同潤会に住むホワイトカラーも、出身が東北方面であれば葛飾区を選んだというのは面白い。

●耕地整理事業の役割

同潤会は住宅地をつくるために東京の各地を調査し、候補地を挙げているが、本田地域にも住宅地の候補地があった。行ってみると、たしかに有力な地主がいそうな地域であり、小ぶりだがけっこう良い家が建っている。今は下町としてひとくくりにされるが、本来は農業地帯であり、地主の家のまわりは屋敷林で囲まれ、緑が多く、住宅地にするにも適していたのであろう。

こうした住宅地が生まれた背景は、１８９９年の耕地整理法制定である。耕地整理とは田畑に灌漑用水を整備し、曲がった道をまっすぐにするなど整理をして、農地として整備するばかりか宅地や工業用地としても開発しやすくするための事業である。整理法により、東京の各地でも組合が結成されて耕地整理事業が盛んになった。

葛飾区では１９０２年に村長の関根保太郎が主導し、奥戸村の現在の高砂３丁目にあたる場所で最初の耕地整理を行った。これは東京府内でも最初の事業であった。

その後、１９２１年に新宿、25年に水元、金町、26年に本田など、大正から昭和初期にかけて区内の22の地域で耕地整理事業が行われた。整理された土地は23年の関東大震災後に住宅地化されることが多かった。西郊と同様、東郊の地でも「郊外住宅地化」の現象が起きていたのだ。

だからか、私は立石や堀切で木造だがちょっと同潤会アパート風のモダンな集合住宅を見つけたことがある。葛飾区にも新しい集合住宅建設のムーブメントはあったのである。

帝釈人車鉄道（出所：『葛飾区史　下巻』）

●鉄道整備で帝釈天の参拝客が増え参道に店が並んだ

柴又に来る参拝客が増えたのは、1897年の常磐線金町駅の開設後である。そもそも初詣でなどで寺社に多くの参拝客が集まるようになったのは、全国的に見ても鉄道が整備されてからのことだという。柴又もそうだったのだ。1899年には金町〜柴又間に「帝釈人車鉄道」が開業。これはトロッコで人を運ぶというものだ。

1912年に人車鉄道は京成電鉄に譲渡され、曲金《まがりかね》駅（現在の高砂駅）〜柴又間が開業したことで、東京方面から柴又への参拝客は一層増えた。それに合わせて、参道沿いに店が並ぶようになったのである。

また柴又周辺でも耕地整理事業が進み、高度成長期には田畑がなくなり宅地化が進んだ。そういうふうにかつての柴又の風景が失われゆく時代だからこそ、『男はつらいよ』という郷愁のドラマが生まれることになったのだ（立石三郎「葛飾柴又形成史。」『東京人』２０１８年12月増刊「葛飾柴又を楽しむ本」）。

葛飾柴又に限らず、古き良き東京を知る人々が、高度成長によって変貌する東京を見て、かつての東京を懐かしむ時代がやってきたのである。

●下町イメージの定着

このように工業地帯化を主な理由として人口が増加し、農業地帯から工場地帯になっていった葛飾区であるが、商業面では区政が敷かれた１９３２年段階でもまだ遅れていた。だが37年になると商店が急増。１９２３年には区内の総商店数３７５店であったのが、37年には２５４１店になった。業種的には菓子パン類の店が３６５店と多く、次いで酒屋１９２店、米屋１２９店、薪・炭店１１９店と、生活に密着している。

さらに戦後、商店数は７０９３店に増え（１９６６年）、立石、四つ木、堀切菖蒲園、高砂、新小岩、金町、亀有などの商店が全盛期を迎えた。こうしてようやく、いわゆる「下町らしさ」が誕生したのだ。

柴又の商店街。これが現在の下町イメージを規定した

そこに葛飾柴又を舞台にした映画『男はつらいよ』が始まり、「フーテンの寅さん」の姿とともに葛飾区といえば下町というイメージが全国に定着することになったと言える。

興味深いことに、寅さんの登場は高度経済成長がピークに向かい、サラリーマンが日本の主流となっていった時代である。高度経済成長期だからこそ商店街も発展したのである。しかし寅さんは、それに背を向けるように気ままに日本を放浪し、半年に一度柴又に戻ってくる。柴又が故郷だからである。地方ではなく下町が故郷となったのである。

あとがき——東京五輪と下町

先日ある新聞紙上にて、東大教授で社会学者の吉見俊哉さんと対談した。テーマは東京五輪だったが、紙上に掲載されなかったことも含めると話は極めて多岐にわたった。

特に本書との関係では、吉見さんが私と同様に現在、下町を含む東京の北側に関心を持っておられることと、1964年の東京五輪における「東洋の魔女」と呼ばれた女子バレーボールチームが、まさに日本中の下町の工場地帯で近代化を支えた繊維産業に従事する女性たちであったことを吉見さんが指摘されたのが私の関心を引いた。

下町は今、ほぼノスタルジーの対象であり、休日に散策に出かける観光地という性格も強い。だが下町はレトロなだけの町ではない。下町にも近代はある。

ところが下町と聞くと近代化が遅れていた地域だという印象もある。思想的な分野で近代化をリードするインテリやエリートが住んでいなかったからであろう。

だが、下町は山の手以上に近代化の主戦場であった。なぜなら、下町にはまさに近代国家の基礎である製造業が多数立地したからである。下町には近代化のエンジンである工場が集まった。大工場では工員たちが組織化され、効率的に働く。大工場の周辺には下請けの中小工場、零細工場、内職などの下働きの人々が集積した。その分業ヒエラルキーこそ、まさに近代である。下町は近代の下部構造であり、山の手は上部構造であると言うこともできるだろう。

逆に言えば、下町がノスタルジーの対象となるのは、近代（化）という時代がノスタルジーの対象になったからだとも言える。下町イコール江戸情緒が残る世界なのではなく、というよりそれは間違いであり、むしろ本書で見たように、近代化とともに新しく生まれ拡大し続けてきたからこそ、今われわれを懐かしませるのである。

近代化は、労働者たちがそのヒエラルキーを駆け上っていくためにもあった。64年の東京五輪は、それが日本の戦後復興、先進国への仲間入り（あるいはファシズム国家から自由で民主的な資本主義国家への転換）を意味しており、だからこそ輝かしい歴史上のエポックとして今も（今だからこそ）語り継がれている。

だがその輝かしさは、湯川秀樹博士が戦後すぐにノーベル賞を受賞したような輝かしさとは違う。特定企業の女工たちや、マラソン選手の円谷幸吉ら、多くの選手が労働者階級であったことが重要である。

たとえば団塊世代でいえば、64年は彼らが15～17歳であった年であり、彼らの多くが中学を卒業して下町の町工場などの労働者になった頃である。高校に進学した者も、男子の多くが工業高校に進み、高卒後に工場などで働くことが多かった。

彼らの青少年期・壮年期と、64年から80年代末のバブル経済までの四半世紀の経済成長の過程とはほぼ完全に重なる。中学までしか出ていなくても仕事を熱心にこなし優秀な技能を身につければ、大企業で課長くらいにまでなれた時代であった。

それを思えば東京五輪が一段と輝かしい歴史として語られ、懐かしまれることは当然であると言えよう。東京五輪は、国家単位では先進国への仲間入りを意味したが、民衆レベルでは貧しい労働者階級から豊かな中流階級へと階層上昇が可能となった希望の時代の本格的幕開けを意味したのだ。


そのように考えると、下町の魅力とは、当たり前なのだが、労働する人間の魅力、庶民の暮らしの記憶ということになるのではないだろうか。狭い借家に家族が暮らし、洗濯物は玄関の前に干し、部屋の中にいる姿も通りから網戸やすだれ越しに見える。庭はないが植木鉢を家の前に飾り、緑を楽しむ。プライバシーの中に閉じこもらず、あけっぴろげで、気さくで、言いたいことを言って生きている。そこには人間が居る。

ただし、下町も近年は防災などの観点からマンションやプレハブ住宅の建設が進んでおり、木造の長屋、商店はどんどん消滅している。街角に座り込んで世間話をするおばあちゃんたちも行き場を失いそうだ。そもそも、そういうおばあちゃんたちは10年後いるだろうか。おばあちゃんたちがいなくなってマンションばかりになったら、下町らしいコミュニケーションは引き継がれないのではないか。

たしかに街を見ていると荒廃した空き家も多く、中には所有者不明の空き家も多数あるようである。道は狭く入り組んでおり、たしかにここに大地震が来たら、かなり危ない。昔を懐かしむだけでは対処できない現実がある。

それでも私は、下町の、人々が自分に閉じこもらずに、生活を街に開いている雰囲気が、むしろこれからの時代、いろいろな街に何らかの形で増えていってほしいと思っている。

関東大震災からもうすぐ１００年である。震災と戦災で大きな被害にあった東京の下町は、これから数年の間にもさらに大きく様変わりするに違いない。私は過去20年、東京の街を歩いてきたが、５年たつと多くの古い建物がなくなることを経験してきた。そういう意味で本書は東京の下町の最後の記録のようなものになるかもしれない。

２０２０年10月

著者

●主な引用・参考文献（著者名五十音順）

青野壽郎・尾留川正平責任編集、１９６７『日本地誌7　東京都』、二宮書店

足立区、１９６７『新修足立区史　下巻』

足立区立郷土博物館、２０１０『東京東部のおもちゃづくり』、足立区立郷土博物館

足立区立郷土博物館、２０１２『千住生活史調査報告書』、足立区立郷土博物館

荒川区、１９５５『新修荒川区史　上巻・下巻』

荒川区、１９９１『尾久の民俗』

荒川区、１９９３『町屋の民俗』

荒川区、１９９６『南千住の民俗』

荒川区、１９９８『汐入の民俗』

荒川区、２００９『日暮里ｓａｉｋｏ（最高・再考）』

『an・an』1972年9月5日号「とじこみ大特集　東京の下町」、マガジンハウス

石田頼房、１９８７『日本近代都市計画史研究』、柏書房

石塚裕道、１９７７『東京の社会経済史　資本主義と都市問題』、紀伊國屋書店

石塚裕道、１９９５「東京の都市下層社会と『細民』住居論」、林武・古屋野正伍編『都市と技術』、国連大学出版局

石塚裕道　１９９５「東京の都市スラムと公衆衛生問題」、林武・古屋野正伍編『都市と技術』、国連大学出版局
稲垣栄三他、１９９９「東京周縁の居住地形成と変容に関する歴史・計画学的研究」、住宅総合研究財団
五十嵐典彦、１９７２『足立史談　第50号』、千住柳町調査報告書、足立区教育委員会
石川光陽、１９８７『昭和の東京　あのころの街と風俗』、朝日新聞社
伊藤毅他、１９９４「近世・近代における東京・汐入の居住地形成について」、『日本建築学会大会学術講演梗概集（東海）』、日本建築学会
伊藤毅、１９９６『〈まち〉の死に立ち会うとき』、小木新造・内田雄造『江戸東京学への招待３』所収
岩下哲典、１９９８『権力者と江戸のくすり―人参・葡萄酒・御側の御薬』、北樹出版
岩田正美、２０１７『貧困の戦後史』、筑摩書房
内田青藏、１９８７『あめりか屋商品住宅―「洋風住宅」開拓史』、住まいの図書館出版局
内田青藏、２００４『同潤会に学べ』、王国社
宇野利右衛門、１９８９『職工問題資料』五山堂（原本は１９１２年）
宇野利右衛門、１９８９『鐘紡の職工待遇法ほか』五山堂書店（原本は１９１２年）
浦野正樹・「産業と地域」研究会編、２００１『転換期における地域社会と生活の変容』、早稲田大学地域社会と危機管理研究所

江戸川区、１９７６『江戸川区史　第一巻～第三巻』
大内田鶴子、２０１４『江戸川大学紀要　第24号』「同潤会アパートの再開発と町内会（１９２３年から２００５年まで）」、江戸川大学
大月敏雄、２０１７『住まいと町とコミュニティ』、王国社
小木新造・陣内秀信、１９９５『江戸東京学への招待［２］都市誌篇』ＮＨＫブックス
小木新造・内田雄造、１９９６『江戸東京学への招待［３］生活誌篇』ＮＨＫブックス
小沢詠美子、２００６『江戸ッ子と浅草花屋敷　元祖テーマパーク奮闘の軌跡』、小学館
改造社 編、１９３０『日本地理大系　大東京篇』、改造社
花王石鹸株式会社資料室、１９７１『花王石鹸八十年史』
川越仁恵、２００４『研究紀要８　幻の芝家具を探して』、港区立港郷土資料館
川田順造、２０１１『江戸＝東京の下町から　生きられた記憶への旅』、岩波書店
川端美季、２０１６『近代日本の公衆浴場運動』、法政大学出版局
木村聡、１９９８『赤線跡を歩く　消えゆく夢の街を訪ねて』、自由国民社
葛飾区郷土と天文の博物館編、１９９５『東京低地の中世を考える 葛飾区郷土と天文の博物館シンポジウム報告集』、名著出版
北区、１９７１『新修北区史』

銀座社交料飲協会、２００５『銀座社交料飲協会八十年史』、勝文堂書店

金善美、２０１８『隅田川・向島のエスノグラフィー　「下町らしさ」のパラドックスを生きる』晃洋書房

草間八十雄　磯村英一監修、１９８７『近代下層民衆生活誌Ⅰ　貧民街』、明石書店

黒石いずみ、２０００『「建築外」の思考　今和次郎論』、ドメス出版

群居刊行委員会、１９９１『群居』№27「特集　居住地再開発のオルタナティブ」

江東区、１９９７『江東区史　中巻』

小林清親、１８９７『新撰東京名所図会』、東陽堂

小林信也、２００２『江戸の民衆世界と近代化』、山川出版社

今和次郎編、１９８６『新版大東京案内』、批評社（原本は１９２９年）筑摩書房

今和次郎・吉田謙吉、１９３０『モデルノロヂオ　考現学』、春陽堂

斎藤修、１９８７『商家の世界・裏店の世界　江戸と大阪の比較都市史』、リブロポート

齊藤俊彦、２０１４『人力車の研究』、三樹書房

佐々木勝・佐々木美智子、１９８５『日光街道　千住宿民俗誌』、名著出版

サッポロビール株式会社広報部社史編纂室編、１９９６『サッポロビール１２０年史：Ｓｉｎｃｅ１８７６』

芝区、１９３８『芝区誌』

志村秀明、２０１３『月島再発見学』、アニカ

白石孝、１９９７『江戸・明治・大正史　日本橋界隈の問屋と街』、文眞堂
白石孝、１９９９『日本橋街並み商業史』慶應義塾大学出版会
白石孝、２００１『明治の東京商人群像　若き創業者の知恵と挑戦』、文眞堂
白石孝、２００３『日本橋街並み繁昌史』、慶應義塾大学出版会
陣内秀信・板倉文雄、１９８１『東京の町を読む　下谷・根岸の歴史的生活環境』、相模書房
鈴与志路『三味線堀と佐竹通り』（小木新造監修、１９９１『復刻「江戸と東京」第四冊』、明石書店
鈴木博之他編、２００５『都市・建築・歴史　７　近代とは何か』、東京大学出版会
鈴木理生、１９７８『明治生れの町　神田三崎町』、青蛙房
砂川幸雄、１９９６『大倉喜八郎の豪快なる生涯』、草思社
墨田区、１９５９『墨田区史』、墨田区役所
墨田区、１９７８『墨田区史　前史』、墨田区役所
すみだ郷土文化資料館、２０１９「すみだ郷土文化資料館だより　みやこどり」、第59号「企画展　保育のまち　すみだ　子育てを支えて1世紀」
隅谷三喜男、２０１１『賀川豊彦』、岩波書店
台東区立下町風俗資料館、１９８４『昭和庶民史』、台東区教育委員会
高井としを、２０１５『わたしの「女工哀史」』、岩波書店

竹内誠、２０１０『江戸社会史の研究』、弘文堂
田中傑、２００６『帝都復興と生活空間　関東大震災後の市街地形成の論理』、東京大学出版会
俵元昭編、１９６６『芝家具の百年史』東京都芝家具商工業協同組合
中央区、１９５８『中央区史』
中央区、１９８０『中央区三十年史　上巻下巻』
千代田区、１９６０『千代田区史　中巻下巻』
東京市、１９３６『東京市内商店街ニ関スル調査』、東京商工会議所
東京都、１９６５『明治初年の武家地処理問題』東京都公文書館
東京都、１９７２『東京百年史　第5巻』
東京都企画調整局調査部、１９７４『墨田区京島調査報告書』
東京府学務部社会課『東京府郡部（隣接五郡）集団的不良住宅地区集』
豊島区、１９８３『豊島区史　通史編　二』
中川清、１９８５『日本の都市下層』、勁草書房
中川清編、１９９４『明治東京下層生活誌』、岩波書店
仲摩照久編、１９３１『日本地理風俗大系　第2巻　大東京篇』、新光社
西木弘一他編、２０２０『東京の歴史8　足立区・葛飾区・荒川区・江戸川区』、吉川弘文館

西山松之助、１９８０『江戸ッ子』、吉川弘文館
野口孝一、１９９２『銀座煉瓦街と首都民権』、悠思社
『non-no』1971年7月5日号「ポップな街『浅草』探検」、集英社
服部銈二郎、１９８１『盛り場 人間欲望の原点』、鹿島出版会
原田勝正・塩崎文雄、１９９７『東京・関東大震災前後』、日本経済評論社
藤木ＴＤＣ、２００９『昭和幻景 消えゆく記憶の街角』、ミリオン出版
細井和喜蔵、１９５４『女工哀史』、岩波書店
細馬宏通、２００１『浅草十二階 塔の眺めと〈近代〉のまなざし』、青土社
松原岩五郎、１９８８『最暗黒の東京』岩波書店
港区、１９６０『港区史』
南博編、１９９８『近代庶民生活誌⑱ 下町』、三一書房
宮田親平、１９９５『だれが風を見たでしょう／ボランティアの原点・東大セツルメント物語』、文藝春秋
望月照彦、１９７７『マチノロジー 街の文化学』、創世記
森銑三、１９６９『明治東京逸聞史１、２』、平凡社
安岡憲彦、１９９９『近代東京の下層社会 社会事業の展開』、明石書店
横山源之助、１９８５『日本の下層社会』岩波書店（原書は１８９９年）

横山源之助、１９９４「貧街十五年間の移動」、中川清編『明治東京下層生活誌』、岩波書店（原書は１９１２年

吉田伸之編、２０１８『東京の歴史４　千代田区・港区・新宿区』、吉川弘文館

吉田伸之編、２０１８『東京の歴史５　中央区・台東区・墨田区・江東区』、吉川弘文館

吉野作造記念館、２０１５『賀川豊彦と吉野作造』、賀川豊彦記念松沢資料館

ライオン油脂株式会社社史室編纂委員会、１９７９『ライオン油脂60年史』、ライオン油脂株式会社

鷲田清一編著、２０１８『大正＝歴史の踊り場とは何か　現代の起点を探る』、講談社

早稲田大学坪内博士記念演劇博物館、２０１１「日活向島と新派映画の時代展」

三浦展（みうらあつし）
1958年新潟県生まれ。社会デザイン研究者。
’82年一橋大学社会学部卒業。（株）パルコ入社。マーケティング情報誌「アクロス」編集室勤務。’86年同誌編集長。’90年三菱総合研究所入社。’99年カルチャースタディーズ研究所設立。消費社会、家族、若者、階層、都市、郊外などの研究を踏まえ、新しい時代を予測し、社会デザインを提案している。
著書に『下流社会』の他、『首都圏大予測』『東京は郊外から消えていく！』『東京郊外の生存競争が始まった！』（以上、光文社新書）、『都心集中の真実』（ちくま新書）、『吉祥寺スタイル』（文藝春秋）、『コロナが加速する格差消費』『第四の消費』（朝日新書）などがある。

下町《したまち》はなぜ人《ひと》を惹《ひ》きつけるのか？　「懐《なつ》かしさ」の正体《しょうたい》

2020年11月30日初版1刷発行

著　者 ── 三浦展
発行者 ── 田邉浩司
装　幀 ── アラン・チャン
印刷所 ── 近代美術
製本所 ── ナショナル製本
発行所 ── 株式会社光文社
東京都文京区音羽1-16-6（〒112-8011）
https://www.kobunsha.com/
電　話 ── 編集部03（5395）8289　書籍販売部03（5395）8116
業務部03（5395）8125
メール ── sinsyo@kobunsha.com

落丁本・乱丁本は業務部へご連絡くだされば、お取替えいたします。
　ISBN 978-4-334-04505-0

光文社新書

1077
南極で心臓の音は聞こえるか
生還の保証なし、南極観測隊

山田恭平

「南極大陸の奥に進むと、静かすぎて己の心臓の音が聞こえるという」――そんな伝説めいた話から南極を目指した著者による、1年4カ月の滞在記。南極観測隊のリアルが分かる一冊。

978-4-334-04484-8

1078
子規を「ギャ句」る
名句をひねると「ギャ句」になりました

夏井いつき

名句をひねって味わう遊びへの誘い。俳句の辛口先生が正岡子規をギャ句った作品を募集し採点。原句があるから誰でも始められ知識と技を同時習得。最小変化で最大効果を狙え！

978-4-334-04485-5

1079
小池百合子 権力に憑かれた女
ドキュメント東京都知事の1400日

和田泰明

【緊急出版！】メディアの特性を熟知した政治家・小池百合子。築地市場移転、東京五輪、新型コロナ対策など、4年間の彼女の実績を、「週刊文春」記者が徹底取材で明らかにする。

978-4-334-04486-2

1080
クワバカ
クワガタを愛し過ぎちゃった男たち

中村計

「クワバカ」とは、クワガタを愛し過ぎて、人生を賭してしまった男のこと。そんな男たちの人生を生き生きと描く傑作〝昆虫〟ノンフィクション、ついに刊行。クワガタ沼へようこそ！

978-4-334-04487-9

1081
新型コロナから見えた日本の弱点
国防としての感染症

村中璃子

世界の多くの国で、新興・再興感染症は国防の要である。WHOでの勤務経験を持つ医師・ジャーナリストが、新型ウイルスとの闘いを外交・国防、ビジネスの観点から捉え直し伝える。

978-4-334-04489-3

光文社新書

1082

「文」とは何か
愉しい日本語文法のはなし

橋本陽介

なぜ文法の授業はつまらないのか？　本書は「文」とは何かというそもそもの話から論を起こす。誰もが退屈さを覚えた「文法」について、若き研究者がイメージを一新する。

978-4-334-04488-6

1083

面白いことは上司に黙ってやれ
日本発の新ビジネスを生み出すには？

春日知昭

日本で創造的なビジネスがうまくいかない理由とは？　ソニーでＡＩＢＯの開発などに携わったロボット開発者が、日本が世界で再び存在感を示すための考え方を記す。【松尾豊氏推薦！】

978-4-334-04490-9

1084

おとなの発達障害
診断・治療・支援の最前線

岩波明監修　小野和哉
林寧哲　柏淳ほか

ＡＤＨＤ、ＡＳＤ、ＡＤＨＤとＡＳＤの併存、発達障害と愛着障害との関連、二次障害、就職・仕事――臨床医・支援者が、最新の知見に基づき、皆さんの困りごとに答えます。

978-4-334-04491-6

1085

人生は凸凹《でこぼこ》だからおもしろい
逆境を乗り越えるための「禅」の作法

枡野俊明

人生には成功もあれば失敗もある。「凸（順境）凹（逆境）」が繰り返されることを受け止めよう。ベストセラー『心配事の９割は起こらない』の著者による、元気が出る人生論。

978-4-334-04492-3

1086

伝え方は「順番」がすべて
分単位のコミュニケーションが心を動かす

小沼竜太

圧倒的人気を誇るスマホ向けＲＰＧ「Fate/Grand Order」（通称ＦＧＯ）ほか、数々の人気ゲームのプロモーションに携わる〝ゲームの宣伝屋〟が初めて明かす「伝え方」の極意。

978-4-334-04493-0

1087

恋愛学で読みとく　文豪の恋

森川友義

名だたる文豪たちが小説に描いた恋ははたして妥当なものなのか。恋愛学を提唱する著者が科学的に分析し、考察する。従来の文学研究にとらわれない、知的なエンターテインメント！

978-4-334-04494-7

1088

正義を振りかざす「極端な人」の正体

山口真一

SNSでの誹謗中傷、自粛警察、不謹慎狩り、悪質クレーマー——奴らは何者か？「炎上はマスメディアが生み出す」「SNSは世論を反映しない」等、データ分析から分かった真実。

978-4-334-04495-4

1089

太田和彦のふらり旅　新・居酒屋百選

名酒放浪編

太田和彦

BS11の人気番組が1冊に！　北は札幌から南は五島まで日本全国19の街の65軒を紹介。本書片手に旅するも良し、読んで思いを馳せるのもまた良し。写真満載のオールカラー版。

978-4-334-04496-1

1090

宇宙に行くことは地球を知ること

「宇宙新時代」を生きる

野口聡一　矢野顕子
取材・文　林公代

誰もが宇宙に行ける日が近づいている——。民間による「宇宙旅行時代の幕開け」という歴史的転換点を迎えた今、宇宙飛行士とミュージシャンが宇宙体験からスペースXまでを語る。

978-4-334-04497-8

1091

夢中力

堀江貴文　野村克也

一つのことにハマり、全身全霊を捧げる。異分野の二人の共通項だ。「好きなことをやる」が成功の条件であることを彼らの生き様が証明する。突き抜けた思考に触れる読書体験。

978-4-334-04498-5

光文社新書

1092 丁寧に考える新型コロナ

岩田健太郎

長期戦が予想される新型コロナ対応。あらゆる項目について「分かったつもり」でなく「本当に分かる」までじっくり解説する。巻末特別対談「西浦博先生に丁寧に聞く」も収録！

978-4-334-04499-2

1093 失敗しない　定年延長

「残念なシニア」をつくらないために

石黒太郎

日本企業に跋扈する「残念なシニア」を放置すると、日本経済が崩壊に向かう――!?　気鋭の人事コンサルタントが、会社もシニア自身も活性化させる「正しい定年延長」を提言する。

978-4-334-04500-5

1094 新型コロナはアートをどう変えるか

宮津大輔

世界のアート市場は、新型コロナウイルスの蔓延によってその姿を一変させた。アートはこれからどう変化するのか――。歴史・社会・経済を通して、アート市場の未来を大胆に予測。

978-4-334-04501-2

1095 室温を2度上げると健康寿命は4歳のびる

笹井恵里子

寒い家に住んでいると早死にする!?　最新の研究結果を元に頻尿、不眠、寝つきの悪さ、高血圧、アレルギーなどを「住環境」で改善させるアイデアを提案する日本人必読の一冊。

978-4-334-04502-9

1096 税金下げろ、規制をなくせ

日本経済復活の処方箋

渡瀬裕哉

日本が不況から脱出できないのは「税金と規制」の問題だ。この国では「増税はやむなし」なのか？　日本が打つべき手とは？　俊英の政治アナリストが、私たちに刷り込まれた洗脳を解く！

978-4-334-04503-6

光文社新書

1097
20年で元本３００倍 お金が集まる5つの原則
秋山哲

誰でも資産が増える投資商品とは？　優良な投資先に共通する3つの特徴とは？　元本３００倍の個人投資家が「投資」を中心に、お金の不安を解消する５つのルールを伝授する！

978-4-334-04504-3

1098
下町はなぜ人を惹きつけるのか？
「懐かしさ」の正体
三浦展

明治維新の30年後に「ふるさと」が注目され、敗戦の30年後に「下町」が発見された。工場の煙が立ち上る近代の象徴だった下町がノスタルジーの対象となるまでの実像を綴る。

978-4-334-04505-0

1099
山本太郎とＮ国党
ＳＮＳが変える民主主義
真鍋厚

彼らは本当に「ポピュリスト」と切り捨てていい存在なのか。この時代に彼らが国会で議席を得たのは偶然か。ＳＮＳ全盛時代の民主主義のあり方を問う、新しい切り口の政治論。

978-4-334-04508-1

1100
「宇宙の音楽」を聴く
指揮者の思考法
伊藤玲阿奈

時代の変化にどう柔軟に対応するか？　二〇歳を過ぎて音楽家への道を選び、ニューヨークで戦ってきた指揮者が綴る、成功と失敗の概念を超える「しなやかな思考」のつくりかた。

978-4-334-04506-7

1101
Ｚ世代
若者はなぜインスタ・ＴｉｋＴｏｋにハマるのか？
原田曜平

「Ｚ世代」は「ゆとり世代」と何が違うのか？　世代人口が少ないにもかかわらず、彼らの発信力・拡散力はなぜ巨大なのか？「スマホ第一世代」を若者研究の第一人者が徹底分析。

978-4-334-04507-4